生きるのも死ぬのもイヤなきみへ

中島義道

角川文庫
15617

目次

はじめに

「生きるのも死ぬのも厭《いや》だ！」という叫び声は矛盾しているのだろうか？　混乱しているのだろうか？　断じてそうではないと思う。なぜなら、私たちは「生きる」とは「死すべき者として生きる」ということを知っているからである。

誰でも、もうじき（明日にでも）死んでしまうという過酷な条件のもとに生きている。たしかに、死んだらどうなるかはわからない。だが、その一つとして完全な「無」になるという可能性を否定することはできない。しかも、死後たとえ「何か」としてあり続けるとしても、「人間として」あることを断念しなければならないことは確かである。不思議なことに、人間としてあることがさしてすばらしいことでもないのに、その永久的な消滅を考えると、恐怖に襲われるのである。

私のまわりには、ある種「生きにくい」青年たちが集まってくるが、彼らに驚くほど共通していることがある。それは、「どうせ死んでしまうのだから、何をしても虚《むな》しい」という言葉を呪文《じゅもん》のように唱えて日々を送っていることである。これは重力場のようなもので、彼らから垂直に飛び出す力を奪い去り、ただその場の「うち」で微小運動をさせるだけである。青年たちは、あるとき「こんなことばかり考えていてもしかたない」と、あえて重力を忘れて何かをしようとする。だが、学校やバイト先で小さな失敗をすると、世間からちょっと非難されると、人間関係でふといきづまると、たちまち重力に立ち向かう気力を失い、「落下」しはじめるのだ。それはとても自然なことなので、本来の場所へ戻るような一種の快感さえ覚える。「どうせ死んでしまうのだから」という言葉を盾にして、何もしない自分を正当化しているのではないか、という自責の念はある。だが、そうであるとしても、このことは何度考えなおしても「ほんとうのこと」なのだ。

じつは、彼らとて、このままだらだらと何もしないで「死」だけを見つめて生きることを望んでいるわけではない。全力をかけて何かをしたいわけではないが、彼らは他人から承認されたいのだ。つまり——虐待された子がそれでも親に認めてもらいたいように——、彼らは自分が無性に恐れている世間から「認められたい」という激しい欲望を抱いているのである。だが、そのために着実な努力を積みあげることができない。重力が彼らを引きずりおろすからである。こうして、観念的な志だけがそびえたち、いつまでも彼らはそれから引き離されている。

彼らは、自分の「思想」を世の大人たちに語っても一笑に付されることを知っている。

だから、固く口を閉ざして語らない。どのような反応が返ってくるか隅々までわかるからである。しかも、彼らはけっして「治ろう」と思わない。親の庇護《ひご》のもと、あるいは女性の庇護のもと（ヒモとして）、どうにか生きていける。死ぬのが怖いから、自殺することはない。こういう青年たちを、世間は、わがままといって、甘えといって、人生の厳しさを知らないといって、……なんと嫌うことであろう。そして、彼らの生き方が「世間で通じない」からこそ、私は彼らをどんなに愛していることであろう。

彼らには、彼らを裁き断罪する人々より一つだけ優れていることがある。それは、自分の叫び声がどこまでも「正しい」ことを知りながら、しかも社会的には認められず、よって「正しくない」と認めざるをえないこと、この揺らぎの中で苦しみ喘《あえ》いでいることである。だから、彼らは「正しい」と私は思う。

本書では、彼らの代表者として、次の四人（男三人、女一人）に登場してもらい、世間が語らせない言葉をあえて語らせてみた。まったく同じ言葉をある青年から聞いたこともあり、適当に変形したものもあり、完全に想像上のものもある。

A　国立大学（法人）法学部四年生の男子学生、二十二歳。

B　短期大学を卒業した独身のＯＬ、二十六歳。

C　高校卒業後、いくつかの会社に入ったがどこでも長続きせずに、いまはフリーターの青年、二十四歳。

D　私立大学の哲学科を中退して五年間ひきこもっている男、二十五歳。

最後にもう一度言う。彼らの言葉は、社会では排斥され、誰もまともに取りあげてくれないからこそ、しかもそれが彼らの心からの叫び声であるからこそ、私にとって貴重なのだ。彼らは私が実際に会った人々であり、その合成であり、その分解であり、そして「私」自身である。

生きていたくない

きみたちはいままで二十年以上生きてきたわけだが、その意味で「生きる」ことを選んできたことは確かなのだが、「生きていたい」と積極的に思っているのだろうか？　それとも、むしろ日々死んでしまいたいと思いながらも、その勇気がないのだろうか？　あるいは、生きていたくもないが、とりたてて死にたくもないのだろうか？　このあたりから聞かせてくれないかなあ。

D　死んでしまいたい、といままで何度思ったかしれません。でも、ぼくは、むしろ死ぬことをとても恐れている。ぼくがある日、完全に消滅してしまうこと、その日から宇宙の果てまで行ってもぼくはいないこと、そして、何億年経ってもその何億倍の時間が経っても、二度と生き返らないこと、そのまま宇宙は終焉《しゅうえん》を迎えること、こういうことを考えると、思わず「ああっ！」という叫び声をあげてしまいます。このすべてが、額や脇の下にじっとり汗が出るほど恐ろしい。だけど、いつかぼくが確実に死ぬのだとすれば、生きながら怖い怖いと震えつづけていくよりは、いっそひと思いに死んでしまったほうがいいのではないか、とも思うようになりました。死ぬ怖さを消してくれる唯一の療法は、死んでしまうことなのですから。

自殺するのは怖いけれど、それは一瞬のこと。それさえ踏み越えれば、ぼくはもう何も感じなくなるし、何も思い煩うこともない。それに、いちばんすばらしいのは、もう死ぬことを恐れる必要がなくなるってことです。だから、ぼくは毎日、翌朝死んでいればどんなにいいかって思いながら、床に就きます。苦しみもなく、さっと死ねたら、これ以上嬉《うれ》しいことはない。いまのままの状態でひきこもっていても、将来何の展望もないし、ただ年取るだけですから。いま二十五歳ですけれど、三十歳を過ぎてひきこもっている男なんか最低じゃないですか。それを思うと絶望的になります。そうならないためには、死ぬほかないのかなあって思うんです。

ということは、D君はひきこもり状態から脱出できれば、生きていたいと思うわけ？

D　そうかもしれません。でも、そういう考えも、もう麻痺《まひ》していますね。もう、「積極的に生きる」ということがどんなことか、実感としてわからなくなっています。だから、将来考えもつかないような心の変化でもないかぎり、ぼくはずっとひきこもっているんだと思います。そして、年を取るにつれて、ますます社会に出るのが怖くなる。といって、だんだん落下していく自分に鞭打《むち》ってどうにか布団から脱出し、崩れそうな自分を刻々と叱咤《しった》激励して、社会の中で必死に生きたとしても、その翌日に死んでしまうかもしれないんですしね。

私は、いまD君が言ったこと、ずしんと腹の底までわかるんだよ。ほとんど何も付け加えることのないほどの「真理」だと思うね。私の若いころも、日々というより刻々「どうせ死んでしまう！」という叫び声がぶんぶん頭の中でうなり声を上げていた。「死んだら二度と生き返らない！」という事実を恐ろしいほど鮮明に確認し、その残酷さに涙も出てこない。自分の置かれているこうしたむごい「仕打ち」に対する怒りをどこにぶつけていいかわからない。天をにらんでも、地をにらんでも、誰も答えてくれない。

そして、**私は自分が死んでしまうかぎり、何をしても虚《むな》しいと思った。**

だが、幸いかどうか知らないが、私は大学時代にD君と同じようにひきこもりを（延べ）二年ほど体験した後、まさにD君がうまく表現してくれたように「崩れそうな自分を刻々と叱咤《しった》激励して、社会の中で必死に生きてきた」。どこから、そのエネルギーが湧いてきたのか、自分でもよくわからない。これはあと（「ひとから評価されたい」）のテーマだが、たぶん人並みはずれて肥大した私の自己愛が私を救ってくれたのだと思うがね。その話はあとですることにして、さて、こうしてとにかく私は生きてきたが、やはり基本的には何も解決していないことを認めざるをえない。私は布団から出て、その後三十年以上ものあいだ、とにかく社会の中でまともに（？）生きてきた。大学の助手という定職にありつき、その後大学教師という職も二十年以上にわたってどうにかこなし、結婚生活を曲がりなりにも二十年以上継続し、息子もこの前成人式を迎えた。このすべてを私は後悔していない。このすべては、それほど苦しいものではなかった。

あらためて考えてみるに、このすべては何だったのだろう？　私なりに必死に生きてきた感があるが、「どうせ死んでしまう、そして二度と生き返らない」という問題を寸毫《すんごう》も解決してはいないのだ。このあいだに、こうしたテーマを自分の血肉からえぐり出すようにして、三十冊以上の本を書いてきたが、書けば書くほど解決にはほど遠いことがわかる。解決できないことを確認するために書いているようなものだ。つまり、布団から出てから、私は傍目《はため》にはずいぶん活動的に見えたかもしれないが、じつは人生の虚しさを確認するために生きてきたとしか思えないのだ。そして、もう老年である。自分の怠惰さに心底泣きたくなる思いだ。

だから、私はD君に対して、「さあ、何しろ、うだうだ考えずにまず行動だ！」とか「いま何を考えても駄目だ。とにかく、人生は生きてみなければわからないんだから」とか、お説教じみたことは何も言えない。「そうだね」としか言えない。D君、酷であることは承知で言っているんだが、たとえきみが布団から抜け出して、とにかく社会的に評価される仕事を見つけ、家庭をもち、たとえ富や名声を築いたとしても……いまきみが問題にしているような問いは、まったく解決されないんだよ。

D　そんなことはわかっているんです。全身に鞭打って布団からはいずり出て、自分を巧みに社会化しても「どうせ死んでしまう」んです。ぼくは「二度と生き返らない」んです。もう少しすれば、先生も死にます。ぼくも死にます。こんなぼくだって、時には思いますよ。思考を停止して、「とにかく世の中に出てみよう」って。でも、はいずり出ることを決心した瞬間に、もうその決心は萎《な》えているんです。せいぜい五十年待てば、ぼくは死んでしまうんですから。そのあいだ、じっとモグラのように薄暗がりの中にうずくまっていても、蟻のようにあくせく働いても、結局は誰も「死なない」という報酬を得ることはできないんですから。せいぜい生きたって、あとたった五十年なんです。そのあいだ何をしても、どうせ死んでしまうのです。とすると、いまふっと死んでしまっても、さして変わることはない。
痛いほどきみの気持ちはわかるよ。正直に告白してしまうと、うす汚く生きてきた私は、いまきみの澄み切った視線を浴びておろおろしている。いまきみが言ったことすべては、私のからだを突き刺す。何やかや言っても、とにかく私は世の中に出ることができたのだから、私にとって「どうせ死んでしまう」という思いは、それほど深刻ではなかったのだ。それを大学教師とか著作家という社会的有用性ある存在に結びつけることができたのだから、私はごまかしがうまかったのだ。

D ……。

C 少し、ぼくのことをしゃべっていいですか？　ぼくは自殺願望はありませんが、毎日がすごく虚しい。あれこれのことが虚しいんじゃなくて、どうも何をしても虚しいんだって気づきつつあるんです。世の中の人は、なんでこう感じないのだろうかって不思議でたまりません。
金は、食うだけなら適当にバイトしていれば充分です。仕事に生きがいなんて感じたことはない。それは、ぼくが高卒で特別の能力もないからだろうとも思いますが、どうもそうではなく、大学に行っても、成功しても、やはり虚しいんだろうって思います。ぼくにとっては、生きていたくないというより、この虚しさをずっと抱えて生きることがとても辛《つら》いということです。

私は多くの大人が、人生の虚しさをどうにかして解消しようとすることが、どうしてもわからない。テレビでも、新聞でも、巷《ちまた》でも、いまのC君のような発言が飛び出すと、「自分にしっかりとした生きる目的がないからだ」とか「誤った教育のせいだ」とか「若者が希望をもって生きることができない社会だからだ」というような屁理屈《へりくつ》をこね回して、必死の思いでたたきつぶそうとするじゃないか。すさまじい暴力だと思う。

なぜなら、どんな社会が実現されようと、どんな教育が施されようと、各人がどんな積極的な生きる目的をもとうと、いずれすべての人は死んでしまい、いずれ宇宙から人類の成果はことごとく消滅してしまう。このことをごまかさずに直視すれば、人生が虚しいことは疑いえないからだ。こんなこと、誰でもうっすらと知っているのに、現代日本ではこうしたことを明るみに出すことを忌み嫌う。そして、そう語る人を徹底的に「迫害」するのだ。

C　それは、じつはみんなそのことに内心気づいているからなのではありませんか？　自分たちの甘美な夢が醒《さ》めて、過酷な現実を直視することが恐ろしいからなのではありませんか？

鋭いね。まさにそのとおりだろう。ハイデガーは、自分が明日にでも死んでしまうかもしれないというこの壮絶な真実を見ないように見ないようにして生きている、そうした人間存在のあり方を「非本来的（uneigentlich）」と呼んだ。それにまっすぐ眼を向けて、自分が死ぬことを覚悟しているあり方が「本来的（eigentlich）」なのだが、これはたしかにきついことだ。日常的な仕事の場や人間関係においては、とても難しいかもしれない。何しろ、こういう日常的な場は、この真実を巧妙に隠し、あたかもみんなそんなことなど忘れたようにふるまって、成り立っているのだから。たとえ同僚が死んだとしても、お焼香とかお香典とかお花とか世俗の事実をその上にかぶせて、喪服で身を包み、涙を流して、巧妙に「死ぬこと自体」の意味を隠蔽してしまうのだから。まさに、C君の言うとおりなのだよ。他人の死の経験により衝撃が走り、さらに自分固有の死を覚悟するはずなのだが、そこに深入りしたら恐ろしくてたまらないこと、虚しくなって生きてはいけないことを予感しているんだ。だから、そういう社会的ゲームを必死で続行して「死」そのものから眼を逸《そ》らせようとするのだよ。

C　そうなんですね。そうなんですね。

どうした？　C君。

C　なんだか、人間って哀れで涙が出てきそうです。たまらない気持ちです。

B　あのう、私も先生がいま言われたことよくわかるのですが、ちょっと話をずらせていいでしょうか？　私は自分が嫌いなんです。とくに自分の容貌《ようぼう》が大嫌いで、できれば部屋から出たくないほどです。私は人前ではけっして鏡を見ませんし、他人から後ろ姿を見られるのも厭《いや》なんです。自分が写っている写真はみんな破り捨てたいほどです。

Bさんを慰めようとするわけではないが、Bさんは自分が客観的にそれほど醜いと思っているわけではあるまい？　そんなことは、飽きるほど聞いてきたに違いない。そのことと、Bさんが自分の容貌に対して嫌悪感を抱いていることとは一応別だからね。そのうえで、あえて聞きたいんだが、なんでそんなにも自分の容貌が嫌いなのか、少し心当たりはあるのかな？

B　私には妹がいます。かなりの美人で、小さいときからいつも比較されてきました。とくに母は露骨に差別しました。お客が来ると、母は妹を人前に出したがり、私には「おまえは出なくていいからね」と言って、ぴしゃりと襖《ふすま》を閉めたものです。近所の奥さん連中から「上のお嬢さん、奥さんとそっくりですねえ」と言われると、「そんなはずないわ」と不満そうに私をちらりと盗み見るのでした。私に妹がいなければ、いえ、妹がいたとしても、彼女が私と同じく不美人だったら、私は救われたのです。親戚《しんせき》の伯母《おば》たちも、近所の者たちも、学校でも、不美人の姉と美人の妹という図式は固まっており、みなそう言わないまでも、はっきりとそう見ます。妹の友人たちはみな驚いたふうに私を見ます。私の知人たちも妹を紹介すると、一瞬口ごもり、信じられないといった表情を顔に浮かべます。

わかるなあ。ひとはごく自然に姉妹を比較して見てしまう。そして、そこに明らかに見えているものを語らない。そのたびに、あなたのからだのまわりに冷たい風が吹きすさぶ。あなたは、何も語れない。語ったら世界が崩れてしまう。あなたは、何ごともなかったかのように、ふるまおうとする。だが、そうすればするほど、あなたのからだは悲鳴を上げるのだ。その悲鳴がまわりの者にも聞こえてくるのだ。

サルトルは、他人のまなざしを、私のからだをぐさぐさ突き刺す鋭利な剣のようなものとして精緻《せいち》な分析をした。そのまなざしを送ってくる他人こそ、まさに地獄だというわけだ。それは、やはり彼が自分の肉体に対して相当なコンプレックスを抱いていたからであろうと思う。彼は自分が醜いことを自覚していた。とりわけ斜視であったことは、他人のまなざしをすなおにとらえることを拒否したのであろう。われわれは、他人の言葉を封じることはできる。無礼な態度を取り押さえることはできる。だが、**他人のまなざしを制御することはできない**。この残酷な事実こそ、サルトルにとって乗り越えることのできない他人の「自由」だったのだ。

B　そうなんです。まなざしはいたるところで私のからだを射貫《いぬ》きました。それは「おまえは醜い！　醜い！」と語っていました。私は同時に妹に対して猛烈な憎しみを燃やしました。彼女を殺そうとは思いませんでしたが、いなくなってくれればいい、いや不幸になってくれればいい、と望みました。しかも、妹は同じ短大の同じ英文科に入学したのです。

男たちに囲まれたその華やかな大学生活をそばで見ていて、私はだんだん気がおかしくなっていきました。こんなからだをこんな顔を人前にさらすことに罪悪感をもつようになりました。人々はみな遠くで、私の醜さを笑っているような気がしました。私とすれ違う男や女は、私の顔を見ておかしさにこらえきれず、あとでぷっとふき出しているに違いないと思いました。私の醜いからだから出る臭気に、思わず鼻をつまんでいるような気がしました。私のからだから出る息は臭いのだ。そう確信し、私は大学時代に口臭を消す薬を月に五万円も買っていたのです。

その妹も結婚して、いまでは少しずつ自分の容貌を客観的に見られるようになっていますが、たぶんこういう育ちに原因があるのでしょう。私は美人に対して、ものすごい嫉妬《しっと》と同時に、苦しいほどの憧《あこが》れを感じています。

私が苦しんでいるのは、——笑わないでくださいよ——自分が飛び切りの美人じゃないってことです。私は、まあ見方によれば悪くない程度の、ごく普通のOLにすぎない。あきらかに、はじめて見た瞬間にみんなの噂に上るような、すれ違う男たちがみな振り返るほどの美人ではありません。こうしたこだわりが相当おかしいことは、充分自覚しているのです。でも、どうしても絶世の美人を私は許せない。そういう美人をたまたま目撃すると、もう体中が熱っぽくなって、めまいさえすることもあって、一挙に何をしても虚《むな》しいと思ってしまう。死んでしまいたくなるんです。

Bさん、はっきり言って、あなたのお母さんは最低の人だねえ。誰にでもわかるあなたの気持ちを、わかろうとしなかったのだから。

B　ええ、そう思います。昨年癌で亡くなりましたが、いまでも恨んでいます。それも、母は母親（つまり私の祖母）から同じ仕打ちを受けていたのです。五人姉妹の真ん中で、祖母はかなりの美人で、美人の長女や四女を連れ歩き、母は不美人だったゆえに、親戚の結婚式にも出させてもらえなかった。それを、私が小さいときに泣き崩れながら訴えていたのに、その人が私に対して同じことをしたのです。しかも最も許せないのは、そのことに自分が気づいていなかったことです。

あなたの家庭の問題だから、これ以上立ち入るのはやめることにしよう。でも、お母さんのふるまいは全然稀有《けう》なことではなく、親に虐待された者がまたわが子を虐待するように、むしろよくあることなんだ。それに、容貌とは不思議なもので、相当の不美人でも気にしていない人もいれば、ずば抜けた美人でもなぜかと思うほどの不満を抱いている人はいる。

B　そんなことわかっています。私は「普通」では厭なんです。絶世の美人でなければ生きる意味がないとさえ思っているんです。不美人で満足している人の気が知れない。はっきり言っちゃうと、器量が悪い人って大嫌いなんです。眼の前から消えてもらいたいと思うほど。ブスが人前で結構いい男といちゃついていると、殺意さえ感じることがあります。母が私に乗り移ったような気持ちで、ああ、母の気持ちわかるなあって思います。私だって、女の子が生まれて醜かったら、その子を憎むと思いますよ。母のように、自分に重ね合わせて激しく憎むと思いますよ。

あなたは聡明だからわかると思うけれど、**容貌に対する病的なこだわりは、自己愛の裏返しなんだ。**『白雪姫』のお妃《きさき》のように、自分が世界で一番美しくなければならず、二番と判定された瞬間に一番美しい奴を殺そうとする。二番では、どうしても生きていけないのだから。

Ｂ　私は絶世の美人を皆殺しにしたくはありませんが、交通事故で、顔もからだもぐちゃぐちゃになればいいと思うことはあります。でも、現代日本で自分が手を下せば私は犯罪者になる。つまり、あきらめるしかないんですね。

まあ、そういうところかな。普通の大人は、そんなところに自分を追い込むことはやめて、あなたの魅力をもっと自覚してとか、そんなあなたを好きな人がきっと現われるはずだとか……もっと無責任な人は、女性はそれぞれ個性的で魅力があるからとか、嘘八百を並べたてる。こうした「慰め」で癒《いや》されるほどの人ならそれもいいであろう。だが、あなたのように、からだの底から理不尽を感じている人に、こうした言葉は届かない。たしかに、あなたは絶世の美人ではない。それをごまかさずに、それを自覚して徹底的に苦しみ抜くほか、豊かに生きる道はないんじゃないかなあ。

Ｂ　自分に誠実に生きるなら、そうするよりほかありませんね。

別に慰めるつもりはないのだが、そのうち、考えは変わりうる。そして、ひとは年を取ると容貌も変わるものだよ。目鼻立ちとかプロポーションはそんなに変わらなくても、表情とか身のこなしなどに、風格とか知性とか自信とかがにじみ出てくるものだよ。なんだかごくあたりまえのことを言って恐縮するが。川端康成の若いころなんて貧弱で見られたものではないが、年取ったらなかなか立派な老人になった。小林秀雄だって老人になってからのほうが数段いい。逆に、ここで名前を挙げることは控えるが、いわゆる美男俳優はどうしてというほど中年以降にやけた感じの悪い容貌《ようぼう》になっていることが多い。

絶世の美人ではないが、市原悦子、白石加代子、あるいは亡くなった幸田文、杉村春子、沢村貞子、岸田今日子など、私は大好きだなあ。みごとなほどの個性的魅力をもっている。それも、年を取れば取るほど美しくなるんだから、すばらしい。Bさん、あなたもそういう(言葉の響きは悪いが)「老女」になる余地はあるということだ。そう思わないかね？幸田文のように、しゃきっと着物を着こなし、自然に年取っていく日本女性ってなかなかいいもんじゃないか。

B　ええ、それもわからないことはないんですが……。

A　先生、あのう、いまのお話には、過酷な現実を無理やり納得させようとする魂胆を感じるんですけれど……。

そういう部分もたしかにあるだろうねえ。いま私が挙げた人々が、例外であることもわかっている。ほとんどの場合、美人は死ぬまで美人であり、不美人は死ぬまで不美人だ。それにからめて、とくにきみに向けて言いたいんだが、きみだって、容貌ではないが、ある集団の中で、知的能力において一番でなければ、収まりがつかないんだろう?

A　まあ、そういうことです。いままで常に一番でいたわけでもないのに、二番になると目の前が真っ暗になる。自分は生きていく価値がないとすら思ってしまいます。

それもずいぶん偏った自己愛によると思うけれど、私にもそういうところがあるので、正直なところを、もう少し聞かせてくれないかなあ。

A　ぼくは一度だけ自殺しようとしたことがあります。それは、ぼくの知人がどんどん優秀な成績で国家公務員試験や司法試験に受かっているのに、ぼくは両方落ちて、さらに比較的容易と思われている大学院の入試にさえ落ちて、自分の能力に絶望し、こんな馬鹿なら生きていてもしかたないと思ったからです。

どうせ死んでしまうのだから、博士になっても、教授になっても、弁護士になっても、虚しいことはよくわかります。でも、ぼくはどうしても他人に負けたくない。世の中には、もっとゆったりと勝敗にこだわらずに生きている人がたくさんいることは知っています。そういう人を批判しようなんて微塵《みじん》も思っていない。でも、ぼくはそうではない。ひとから評価される仕事を何もせず、平凡に生きそして死ぬことは、耐え難い。もっと正確に言えば、ずっと知的エリートでありたいし、さらに社会的エリートとして公認されたい。それには、さまざまなテストをクリアして、どんどん優れた仕事を積みあげて、それ相応の社会的地位や収入を得なければならない。心の底からそう思います。

ですが、ふっと明日死ぬかもしれないと思うと、鋭いナイフでぐさりと刺されたかのように、肥大したぼくの希望はあっという間にしぼんでしまって、あとは虚しさが残るだけです。もう何がなんだかわからなくなります。今度は、いっそ出家してしまおうかとか、誰も知らない外国に行ってしまって放浪の人生を送ろうか、という思いが頭をもたげてくる。ぼくの思考はいつもこの二つのあいだ、つまり社会的に成功したいという欲望と、明日にも死んでしまうかもしれないのだから、すべてを捨てて死ぬことに備えたいという思いとのあいだをゆらゆら揺れているだけなんです。

A君は自分を特別だと思っているかもしれないが、いま語ってくれたことは自意識の肥大した才能ある青年に共通する悩みだと思うがね。そして、それは青年特有の「美しい悩み」でもある。三十歳を過ぎたら、誰もそんなこと言わなくなるのだから。だから、青年の特権と考えて、A君はその悩みを引き受けるよりほかないんじゃないだろうか。そのうち、きみにある転機が訪れると、うまく二つの欲求は調整できるかもしれない。それが何かはわからないし、一生そういう転機は訪れないかもしれない。そのうちきみに選択のときが迫り、さしあたり成功を求め、それがある程度かなえられ、さらにさしあたり次の成功を求め、こうして目前の成功を求めつづけていくうちに、すべてを捨てたいという欲求は色あせていくのかもしれない。それはそれで、いっこうに構わないのだけれど。

A　そうして、ぼくはしだいに堕落していき、気がついたときは醜い中年男に成りさがっている、と先生は言いたいのでしょう？

まあ、そうかな。でも、そういう感受性は私の美学、言いかえれば趣味にすぎないけれどね。

A　先生はさまざまな著書で、三十歳を過ぎたらどんな人生でも絶望的に醜いと書いている。そして、絶対に自殺してはならないと言う。では、いったいどうすればいいのですか？　ぼくは、いままでずいぶん先生の本を読んできたのですが、そこで行き止まってしまいます。ぼくは、「その次」が知りたい。醜い中年男として、どう生きるべきかということを、先生の口からじかに聞きたいんです。

　最近、その傾向がますます顕著なのだが、私は「べき」という言葉を使うことがとても難しくなっている。軽々と「べき」という言葉を使っている人を見ると不思議な気がする。「べき」とは何だろう？　ちょっと演説していいかな。

　第一に、「べき」を使う人は、何らかの客観的かつ普遍的な「善いこと」を前提にしていて、そのうえで、そのように行為することを他人に命令しようとする。もし誰かがきみに「嘘をつくべきではない」と言ったのに、きみが嘘をついたとしたら、その人は、きみを「（道徳的に）善くない」あるいは「悪い」と言って責めるであろう。問題はここなのだ。なぜ、彼（女）は自分は気に入らないという理由ばかりではなく、さらに「善くない」とか「悪い」という理由で、きみの行為を責めることができるのか？　彼（女）のこうした独特の「力」はどこから生まれるのだろう？　つまり、ひとがある行為Hに対して、「自分は気に入らない」とか「自分は厭《いや》だ・嫌いだ」と主張するにとどまらず、Hは「善い」とか「悪い」と言いたいとき、さらに何を付け加えたいのか、あるいは突如として全体の構造が変わるのか、反省してみてほしい。

きみがHを「善い」と判断する場合には、それに対して賛同の態度をとり、「悪い」と判断するときには非難の態度をとる。だが、単なる個人的な賛同や非難、すなわち、きみがそれを気に入るとか気に入らないというレベルの賛否ではあるまい。きみは道徳的に賛同しているのであり、道徳的に非難しているわけだ。だが、「道徳的」という形容動詞を付加した場合、いったい具体的に何が付け加わったのであろうか？

A　個人の視点ではなく、普遍的な視点から、賛同したり非難しているんだと思います。

そうだね。ルソーの言葉を使えば「一般意志（volonté générale）」のレベルでというわけだろう。だが、その正体は何だろう？　具体的に考えてみよう。例えば、日本中を覆っているあの甲高いテープ音、わかるだろう？「左に曲がります、左に曲がります」だの

「いらっしゃいませ、毎度ありがとうございます」だの「エスカレーターにお乗りのさいは……」だの、路上でも、駅でも、電車の中でも、銀行でも、スーパーでも、きんきんした甘ったるい女性の声が「ああせよ、こうせよ」といたるところでわれわれのからだを直撃する。私はヘッドフォンを耳にし、音量を最大にしてこうした「音」を遮断している。それでもちょっと油断して、「駆け込み乗車は危ないですから、おやめください」という「音」が聞こえてしまったら、からだの芯《しん》までキーンとした痛みが走り、涙が出そうになるんだ。

だが、このことを訴えても、誰も同情してくれない。グリーンカウンターや顧客センターに訴えても、「そんなことを言われるのはお客さんだけです」と追い返されてしまう。こんなに私が毎日苦しめられているのに、「音」を発する側は何の罪悪感ももたない。善良な市民は「禁煙を徹底する放送を流してください、痴漢防止の放送を流してください」と訴える。そして、こうした訴えは丁寧に聞きとどけられる。

Ａ　でも、それは快・不快という感受性の問題であって、道徳的善さの問題とは異なるのではないですか？

そうはっきり両者のあいだに境界線を引くことはできない、と私は言いたいのだよ。私が、こうした「ああせよ、こうせよ」というお節介放送が不快なのは、暑がりの人が暖房の効きすぎた電車内に耐えられないことと同レベルの話ではない。暑がりや寒がりは、どう考えても「道徳的善悪」の問題ではないからね。私が耐えられないほど不快なのは、こうした放送が、**人間は自分で判断して行動し、その結果に対して自己責任を負うべきだ、という私の信念**に反するからなのだ。この信念に反するゆえに、「ああせよ、こうせよ」というお節介放送は、私にとってきわめて不快なのだ。私はそう確信しているゆえに、それをほかの人々に訴えようとする。だが、この信念はほとんどの日本人の賛同を得られない。大多数の同胞は、こういう信念を抱いておらず、それゆえ、こうした放送が不快ではないからなのだ。

暑がりの人と違って、ここでは不快が信念と絡み合って成立していることがわかるだろう？　こういう不快を「倫理的不快」と呼ぶことにしよう。これは、じつはわれわれの日常生活の中にもいたるところに転がっている。わかりやすい例を引いて説明してみよう。

韓国や中国では犬の肉を食べるが、ほとんどのイギリス人は犬の肉を食べるべきではないという信念を抱いているゆえに、それを食べること、それを食べている人を見ることは、不快である。だが、ひとりのイギリス人が韓国でそう訴えたとしても、誰も聞き入れてくれないであろう。大部分の韓国人がそういう信念をもっておらず、ゆえに不快ではないからだ。

もう一つほかの例を引いてみよう。性同一性障害の少女がいるとする。彼女はスカートを穿《は》くのがはなはだしく苦痛である。彼女は男子の制服を着たいと願う。だが、彼女の願いは聞き入れられない。なぜなら、教師をはじめまわりの生徒たちも「女子は男子の制服を着るべきではない」という信念を抱いており、それゆえ彼女が男子の制服を着ることは(倫理的に)不快だからだ。この場合、彼女は自分が絶対的少数であることを知っているから、「女子も男子の制服を着るべきである」と訴えたいわけではない。ただ、自分が男子の制服を着たいだけなのだ。だが、彼女のまわりの人々は「おまえはそうすべきではない」と彼女に迫ってくる。その背後には「おまえが男子の制服を着ているのを見るのは不快だ」という倫理的不快が控えているのである。

A　だいたいわかってきました。

きみが自分の部屋から一歩でも出れば、きみの前後左右にいる誰も彼もが——とくに善良な市民が——「〜すべきだ、〜すべきでない」という言葉を高らかに掲げてきみに迫ってくる。だから、もう少し検討してみよう。いま、（1）お節介放送、（2）犬の肉を食べること、（3）女子が男子の制服を着ること、この三つの例を挙げたが、それぞれ微妙に異なっている。

犬の肉の例は、いちばん気楽な問題で、いわゆる異文化コミュニケーションの問題である。この場合、自分と同じ信念および（倫理的）不快感をもつ者が自分の属する文化共同体に多く存在することを知っている点で気楽であり、だからこそイギリス人の彼は「犬の肉は食べるべきではない」と自然に訴えることができるのだ。

だが、性同一性障害の少女の場合、自分と同じ信念や不快感をもつ者が絶対的少数派であることを知っている。だから、彼女は「女子も男子の制服を着るべきだ」とは言えず、「男子の制服を着たい女子は男子の制服を着るべきだ」とさえ言えない。彼女は、男子の制服を着たい女子は自分だけだということを知っているから、「べきだ」とは言えないのだ。だが、彼女のまわりの大多数の者どもは、「女子は女子の制服を着るべきだ」という信念を抱いているゆえに、たやすく「べきだ」と言える。これに呼応して、彼女が女子の制服を着る不快は単なる生理的不快であるが、彼女が男子の制服を着ているのを見る不快は一段高い倫理的不快、すなわち「正しい不快」とみなされる。こうして、彼女の不快は切り捨てられ、彼女のまわりの者たちの不快は承認される。

拡声器やテープによるお節介放送を厭がる人は、国民の一〜二パーセントはいるという実感であるから、ちょうどこれらの中間にあって、「べき」という言葉を使ってうまくいく場合もあり、挫折《ざせつ》する場合もある。

というわけで、自分固有の信念を「べき」という言葉を使って主張しうるのは、自分と同じ不快感を共有するある程度の数の人々を背景にする場合のみなのだ。私もまた、このことを知っているから、「授業中は私語をすべきではない」とか「授業中は帽子をかぶるべきではない」と語って大体うまくいく。だが、こうした私の信念でさえ、最近の学生の信念とずれているようで、あらためて「なぜですか？」と聞かれれば、「私が不快だからです」と答えるほかない。

A　なるほど、よくわかります。ぼくも、最近なぜか「〜すべきだ」という言葉を使う人に反発を感じているんですが、その理由がはっきりしてきました。

もう少し演説していいかな。きみたち、「生きにくい」と感じている人にとって、世間とは「おまえは〜すべきだ、〜すべきでない」と叫ぶ大合唱の場にほかならず、それがきみたちのからだに浸透して暴れまわり、ほとんど息の根を止めるのだから。きみたちのような「犠牲者」をまのあたりにすると、「〜すべきだ」という道徳的判断にはこんなに大きな問題が横たわっているのに、それをいっさい考慮せずごく気楽に「べき」という言葉を使う奴――それが大部分の善良な市民なのだが――には、激しい嫌悪を覚える。彼らは、自分の信念がそのまま（文化共同体の内部における）大多数の人の信念に支えられているとごく素朴に前提している。そして、――私が強調したいのは――、こうした前提は、大多数の人が自分と同じ感受性をもっているというさらに素朴な前提に裏打ちされていることだ。

ここには、各人の感受性を塗りつぶすという暴力が支配している。痴漢行為に対する不快感は認め、お節介放送に対する不快感は認めないという選り分けによって、「客観的な善さ」や「客観的な悪さ」が決まってくる。この場合、感受性が大多数と一致している者は生きやすい。自分の不快をみんなの不快にそのままもっていけばいいのだし、お節介放送に対する不快感を訴える者には、「そんな特異な感受性など構っていられない」として、自分の無関心をみんなの無関心として突っぱねればいいのだから。

つまり、あらゆる道徳的判断は、じつはその核心に美学的（感受性に基づく）判断を含みもつのだが、それがあたかも存在しないかのように暴力的に隠蔽《いんぺい》するときに、はじめて開かれてくる判断にすぎない。各人の感受性の差異をまったく平板化したうえで「〜すべきだ」と高らかに断ずるのだ。こうして、ある文化共同体の中で固有の感受性が大部分の者の感受性とずれている者にとって、「善いこと」のかなりの部分が辛《つら》いことであり、不快きわまることなのである。

以上のように考え抜いて、私は「～すべきだ」という道徳的判断を下すことにきわめて慎重になった。私は、なるべく美学的判断に留《とど》まろうと決意するようになった。あるいは、たとえ「～すべきだ」という言葉を使っても、そこには美学的判断が大量に含まれていることを自覚していたいと思った。きみがさっき言ったような大上段に構えた「一般的な観点」には、激しい敵愾心《てきがいしん》を抱くようにさえなった。だから、もしきみから「彼女と心中したいんです」と告白されても――私はもちろん止めようとするだろうが――純粋に道徳的に、つまり自分の固有の感受性と独立に、非難はしないだろう。あくまでも私の感受性を**含めた私固有の観点から、判断するであろう。「私は厭《いや》だ、私は悲しい」という感受性を何よりも大切にするであろう。**

そう考えていくと、私が誰かを非難するさいに、程度が高いものと低いものがあるだけで、その場合たとえ私が「～すべきではない」という言葉を使ったとしても、そこには道徳的非難と美学的非難がさまざまな割合で融合しているのだ。その意味で、私が他人を非難するほとんどの場合、「美学的非難」とはまったく別のカテゴリーとして「道徳的非難」

を向けることはない。

簡単に言うと、「人間として自然のことだ」とか「男としてあたりまえだ」とか「日本人として当然のことだ」というところに「べき」の根拠をゆだねることを全身で警戒するということだ。こうした「自然」とか「あたりまえ」とか「当然」という言葉はすぐに「客観的」という言葉にすり替わる。そして、それに対するいっさいの反論を跳ね返すようになる。自分の感受性が大多数の者の感受性と異なることに気づき、こうした考察をくぐり抜けて、私が至った結論は、道徳的善さには客観的な基準はないということだ。「客観的」という言葉を使うにしても、それは「大多数の人が善いと思っていること」にすぎないように思う。彼らは、権力者によってそう教育されているのかもしれない。マスメディアによってそう操縦されているのかもしれない。だが、そんなことはどうでもいいことであり、それぞれの状況において、道徳的善さとは、大多数の人が現に善いと思っていることにほかならない。

したがって、「べき」には「大多数の人が善いと思っていることを善いと思え」あるいは「大多数の人が従っていることに従え」という以上の強制力はないように思う。そして、私は自分の感受性をつぶさに観察してみて、「〜すべきだ」と言われても、素直に従うことができない膨大な数の事柄があることに気づいた。そこから、私の反抗が始まった。

A　ほとんど賛成なのですが、一つ異論があります。「べき」には、たしかにそういう用法もありますが、「彼はそうすべきではないが、きみはそうすべきだ」というように、同じ事柄をある個人には命じ、別の個人には命じない用法もあるんじゃないですか？

たしかにそのとおり。だが、そういう場合でも、表層を剝《は》がしてみればやはり「大多数」という言葉が隠れている。「きみは」と言っても、そのじつ純粋にきみ個人を指しているのではなく、あるグループにおけるきみを指している。いわゆるきみの「(社会的)役割」を指している。さっきの性同一性障害の少女の例からもわかるとおり、きみは「父親としては」こうすべきだ、きみは「男としては」こうすべきだ、きみは「わが社の社員としては」こうすべきだ、という具合に。この記述はいくらでも細かくなりうる。例えば、きみは「東大に現役で受かったが、公務員試験にも司法試験にも大学院入試にも落ちて、一度自殺未遂をし、今後どう生きていくか迷っている青年としては」という具合に。どんなにきみ自身のことを記述しても、どこかで止めるかぎりは、それもまたある種の人間類型なのだ。

しかも、そういう具合に役割を含意して「きみは〜すべきだ」と語ったとしても、多くの場合、各人の役割に対する信念は相当茫漠《ぼうばく》としているからこそ、同じ「日本人」という役割を自覚しながらも、ある人は「日本人としてそうすべきだ」と主張し、別の人は「いや、日本人としてそうすべきではない」と主張して、議論が可能なのだ。だから、先の性同一性障害の少女も、単なる自分の生理的欲求のレベルではなく、「べき」のレベルに議論をもっていくことに成功すれば、議論において他人を説得できる展望が開かれてくる。私は「性同一性障害の少女として」さらに「差別される者として」こう思う、という論理に切りかえることが可能なのだ。

そのさい、例えば食べ物に対する宗教的戒律に訴えてもいいかもしれない。たしかに、彼女にとって女性性の象徴としてのスカートは、ある宗教における「禁忌の食物」にも似ている。イスラム教徒にとって豚肉を食べること、ヒンドゥー教徒にとって牛肉を食べることが恐怖であるように、彼女にとってスカートを穿《は》くことはほとんど拷問なのだ。こうして、相手の想像力に訴え、言語を駆使することによって、彼女はあるいは「性同一性障害の少女にスカートを穿くことを強制すべきではない」という「べき」を手に入れることができるかもしれない。血の滲《にじ》むような努力をしても、どうしてもうまくいかないかもしれない。

A　なるほど、よくわかります。では、あと一つだけ質問していいですか？　そうは言っても、脳卒中や糖尿病になりたくないんなら、酒をやめるべきだという「べき」の使い方があるでしょう？　酒呑《の》みにとっては酒を呑むことは何にも替えがたい快のはずですが、それをあきらめろというのは、不快を選択せよということになる。いままでのお話からは、整合的に説明できないように思いますが。

いや、説明できるんだよ。その場合、「健康であること」や「長生きすること」がほとんどの人に共有されている価値だから、「べき」を使いやすい。つまり、酒を呑みつづけてじきに死んでしまい、場合によっては半身不随になることとしばらく禁酒して健康で長生きすることとを比較すると、大多数の人は後者を選ぶ。なぜなら、総量としてやはりそちらのほうが快だから、少なくとも不快（苦痛）ではないからだ。だから、どんなに酒の弊害を述べ立てても、「アル中になっても、脳溢血《のういっけつ》になっても、死んでもいい」という人に向かっては「呑むべきでない」という言葉はまるで通じない。

顰蹙《ひんしゅく》を買うことを覚悟で言うと、「ひとを殺すべきでない」という場合ですら、この論法に収まると思うよ。ひとを殺して復讐心《ふくしゅうしん》を満足させることは、まあ快だろうね。だが、その後の逃走しつづける生活は不快であり、逮捕され刑務所にぶち込まれるハメになれば明らかに不快だ。その後、後悔にさいなまれないとも限らないし、良心がうずかないとも言えないとすると、こうしたすべても不快だ。だから、一般に総量としては、ある人を殺さないで我慢するより殺すほうが不快は大なのだよ。とはいえ、それでも復讐したいと思う者もいるだろう。そういう者には「ひとを殺すべきでない」という「べき」は通じない。

A　わかりました。話を少し変えていいでしょうか？　いままでのお話を全部承認したとしても、倫理学がそうしたメタ倫理に限るのでないこともたしかです。その人の行為に直接かかわることも確かでしょう？　例えば、「なぜ、ひとを殺してはならないのか」ということについて、議論してもしかたない。ほんとうに心の底から「なぜ」かわからない人がいるなら、殺してみればいいのです。そうすれば、きっとわかりますから。絶対に殺さないで、「わからない」と言っていることは、欺瞞《ぎまん》的です。殺さないことをもって、つまり彼（女）は、そう自分が選択しているということを通して「わかって」いるのです。

さあ、どうかなあ、その言い方はちょっと雑じゃないかね。さまざまな問題が絡んでいるからねえ。選択には、明確な意識以前のこともある。すでにからだが選択しないことになじんでいる場合もある。信念と個々の行為が微妙にずれることもある。確固たる信念をもっていても、その実行を長々と延ばしている場合もある。もっとも、「なぜひとを殺してはならないのか」ほんとうにわからない人、それについて悩み苦しんでいる人は、そういう抽象的問いのレベルではなく、一度徹底的になぜ自分がひとを殺さないのか、殺さなかったのか、その理由をよく反省すべきだとは思うよ。

C　ぼくはAさんのように緻密《ちみつ》な思考はできないけれど、一つだけ直観的に変だと思うので、確認したいんですが、先生が犯罪的行為をしないのは、そうすると不快が大きくなるからだけですか？

それだけではないと言いたいんだろう？　人間生命の尊重とか……もっと原理的な価値にコミットしているはずだと言いたいのだろう？　そのようなものがありそうなこともわかる。だが、多くの人が意味を吟味もせずに、伝家の宝刀のように神妙な顔をして「生命の尊重」と言い出すことに対する反感からかなあ、私が道徳的に善いとされていることに従うのは、大多数が善いと思っていることに自分の行為を合わせたほうが、生きるのに便利だから、社会から排斥されないから、つまり快だからであり、それ以上の意味はない。

だから、ときどき大多数が善いと思っていることへの反感が我慢の限界に達することもある。そんな場合、私は絶対に犯罪に走らないという自信はないねえ。

C　でも、世の中には、もう限界というか、どうにでもなれというか、世の中に対する反感が積もりに積もって、ちょっとしたきっかけで犯罪に走るという人もいますよね。自分の人生があまりにも悲惨なので、気がついたらひとを刺していたとか、放火していたとか……。なにもそういう人の肩をもつわけじゃないんですが、はっきり言って、先生のその悠然と構えた姿勢に少し反発したくなるんです。

A　ぼくも同じ印象ですね。失礼かもしれませんが、思ったままを言っちゃうと、先生は自分は安全なところにいて、世間で結構器用に立ち回っていて、そのことに対する自己嫌悪もあるから、それを中和する目的で「私は自分の中の悪を自覚している」と告白し、そのことによって自分自身に免罪符を発行しているんではないかと思ってしまうんです。

駆け出しの精神分析医のように、そう簡単に私を「こうだ」と分析してくれても困る。

きみたちがそう言いたい気持ちはわかるが、といってこういう私がある日ほんとうに傷害罪で逮捕されると、今度は別の観点から、つまり観念と現実を混同しているという観点から、ごうごうたる非難の声が沸きあがるのだ。

私は、きみたちのようには思わないがねえ。どんなに世渡りのうまそうな人でも、どんなに温厚篤実に見える人でも、どんなに社会的地位があろうとも、突如として非社会的なことに手を染めてしまい、転落してしまうことは、ごくあたりまえのことだと思うがね。だから、凶悪犯罪が明るみに出て、誰が逮捕されても「えっ、あの人が？」と驚くことはまずない。とくに、セクハラや痴漢行為などで、どんな紳士然とした人が捕まろうと、全然意外ではない。あのロシュフコー公爵は『箴言《しんげん》と考察』の中でこう言っている。

悪事をはたらくところを見ないうちは、悪事をはたらく人だとはとても思われない人がいる。しかし、悪事をはたらくところを見て、これは驚いたと思わねばならぬような人はいない。

（内藤濯訳。表記は適宜変えた。引用文については以下同様）

まさにこのとおりの実感だがね。

Ａ　うまく表現できないんですが、なんだかはぐらかされた感じです。これから言うことはルサンチマン（恨み）だから、はじめから自分の負けを認めているんですが、先生はいいですよ、三十歳を過ぎても、自分の信念に従って生きられるんですから。「人生は虚《むな》しい」と言いつづけながら、その言葉が社会的な需要にかなっていて、それで生きていけるんですから。でも、大部分の人は、人生は虚しいことを骨の髄まで悟っても、それで金を稼ぐことはできない。まったく別の、それこそ、新製品開発会議の書類を作成したり、労務管理をしたり、自動車を売りまくったり……虚しくてからだが張り裂けてしまいそうなことをし続けなければならない。そのあげく、くたびれた黄土色の皮膚をさらして、「つまらないなあ、虚しいなあ」と呟《つぶや》きながら老いていき、そして死ぬしかない。そうでしょう？

ああ、そうだよ。もしきみが心の底から人生は虚しいと思い、その思いにそって正直に生きていこうとするなら、それしか生きるすべはないよ。それどころか、たとえきみが医者や弁護士、消防士や看護師など人のためになり真にやりがいのある仕事を見つけたとしても、人生の虚しさに変わりはない。私の考えでは、人生が虚しいことを真剣に探求すること以外はすべて虚しい。誰でも年を取ると、人生は虚しいと思いながらも、さしあたり生きるためにしだいに自分をごまかして、こうした問いから離れていく。それぱかりではない。こういう問いを発する者を、「青っぽい」と断じて軽蔑《けいべつ》し排斥するようになる。「そんなこと考えても、生きていけないからな」と、（たとえ叫ばなくとも）腹の中で呟くようになる。こうした「堕落」が厭《いや》なら、ずっと人生は虚しいということをごまかさず実感しつづけるしかない。

Ａ　でも、どうやって生きていくんですか？　つまり、どうやって食っていくんですか？

きみは、また「どうやって生きていくんですか？」という問いを発しながら、そのじつ「どうやって生きていくべきなんですか？」という問いに対する答えを期待しているね。それには答えられないから、私の個人的な体験を語ることにしよう。もちろん、私がこれから語ることは、Ａ君、きみをまったく拘束しない。きみは聞いたあとで、ふんと鼻先でせせら笑ってもいい。きみは私ではないのだから、きみが私の乏しい体験を聞いても、何ら参考となるものを見いださなくても当然だと思うのだよ。なにしろ、お説教調は厭だからね。

世間というものは過酷で、二十歳の若者にはモラトリアムを認めてくれる。だが、三十歳にもなると、社会で承認された一定の役割を担わなければ、何を言っても無視される。「人生は虚しい」と言いつづけているだけでは、――それがどんなに真摯《しんし》な叫び声であろうと、――誰も見向きもしてくれないということさ。「そんなに虚しいなら、哲学者にもなればいいじゃないか」とくるわけだ。この場合、哲学者とは哲学でメシを食うことができる職業哲学者という意味だがね。私は、こうした世間の「冷たい風」を無視しようとはしなかった。むしろ、ほぼ完全にその過酷さを受け入れた。だから、私は「人生は虚しい」とずっと言いつづけることが許される地位を確保するために、哲学科の大学院に進み、大学教師になりたいと思った。現代日本で哲学を続けられるほとんど唯一の職業は、大学教師だからねえ。

ほんとうに強い人なら、どんな職業に就いても、「人生は虚しい」ということを常に直視して生きていけるだろう。だが、私のようにいい加減な人間は、やはりこの問いが枯れてしまわない土地をみずから開墾しなければならないと思った。無理にでもこの問いに向き合わざるをえない場に自分を追い込もうとしたのだ。この問いは、考えれば考えるほど深刻な問いだ。だが、この社会において、はなはだしく軽視される問い、いや、ほとんど忌み嫌われる問いなのだ。

A　先生は、でも人生の虚しさを自分で確認しているだけではありません。一種の布教活動を実践しているじゃないですか。さまざまな本を刊行して、思う存分人生の虚しさを語りつくして、ぼくたちから幻想を奪い、さあ「どうしようもなく虚しい人生」をしっかり見つめて生きていけ、と命ずる。罪なことをしていると思います。ほとんどの人は、幻想にすがってでも、幸福に生きられることのほうを望むのではないですか？

きみのその問いは、ドストエフスキーが『カラマーゾフの兄弟』の一節「大審問官」という物語においてテーマにしていることだ。知っているよね？　イワン・カラマーゾフの口を借りて、ドストエフスキーは次のような問題を提起する。イエスは罪なことをした。「自由な魂」など得ても、飢えは満たされないじゃないか。かえって、大多数の弱い人民はそのために苦しむじゃないか。彼らにとっては、自由よりパンのほうが、安心できる生活のほうがずっといいのだ。いま、イエスがよみがえったら、ふたたび、だが今度はキリスト教の教会自体によって彼は磔《はりつけ》にされるであろう。

A　たしかに、ほとんどの人は、パンより自由のほうを選択するほどの精神力をもってはいないんです。ぼくは、個人的にはそういう弱者は嫌いだけど、でもしかたないんじゃないですか。肉体にもはっきり過酷な訓練に耐えることができる強者と耐えることができない弱者がいるように、人生の虚しさに耐えることができない人、「幻想」という名の栄養剤を体内に放り込むことによってどうにか生命をつなぐことができる人だっているんじゃないですか？　彼らは、どうにか自分をごまかし続けて生きていくだけで精一杯なんです。会社を解雇された瞬間に、あるいは家族を病気や交通事故で失った瞬間に、もう生きていけなくなるんです。

先生は、いまわが国で自殺者が年間三万人を超えていることを知っているでしょう？　その原因のかなりの部分が、パン（職、健康、家族など）を失ったためだと思います。そういう人に人生の根源的虚しさを教えても、せせら笑われるだけですよ。彼らにとっては、自由な魂を獲得して人生の過酷な真実を知るより、断然パンのほうが必要なんです。

イワンがきみに乗り移ってしゃべらせているようだねえ。もちろん、きみの言うこともある程度わかる。だが、私はあえてそういう方向に自分をもっていかないようにしているのだ。いまきみが語ったことは、煎《せん》じつめてみると、真実より大切なことは幸福である、だからたとえ幻想でも多くの人が幸福になれるのなら、それでいいではないか、ということじゃないかな。たしかに、世の中のほとんどの人は、真実より幸福のほうが大切だとみなしているように思う。ある人を、あるいはある人々を幸福にするために、不幸にしないために、真実を語らない・語らせない・隠蔽《いんぺい》するということは、もう常識となっていることだ。個人の幸福と全体の幸福を求めることが公理のようにみなされている。

だが、どうだろう？　こういう人は、人生においてあまりにも幸福を追い求めてきたからこそ、パン（幸福）を失うとたちまち生きる意欲を失ってしまうのではないだろうか？いままで、人生の虚しさからかたくなに顔をそむけて生きてきた。だが、何らかの失敗に遭遇してごまかしが利かなくなり、そっとその深淵《しんえん》を覗《のぞ》いてみると、眼もくらむような暗黒なのだ。彼らは、日ごろそれを直視する力をつけてこなかったから、そこでくじけてしまう。私はこういうときになっても自分が崩れないように、いまから体力をつけておきたいのだ。パン（幸福）を追い求めることをほどほどにして、不幸を見つめていたい。

だから、私は自分の幸福を人生の第一目標に据えたことがないし、他人を幸福にすることにもそれほど興味を覚えない。まあ、生来のひねくれ者なのだね、みんなが幸せを嚙《か》みしめているときに、「でも、もうじき死んでしまうんですよ！」と叫びたくなる。「お幸せに！」という掛け声に対しては、「われわれは偶然にもてあそばれ続けるのだから、そう祈っても無理なのです」と言い返したくなる。

B　でも、ほとんどの人は、心からその言葉を信じて挨拶《あいさつ》を交わしているのではなく、いわば社会的ゲームに参加しているだけなんじゃないですか？　歩き方やしゃべり方や箸《はし》のもち方など、どうしてそうしなければならないのか、考えつめるとわからないけれど、それに従っている。それと同じではないですか？

当然出てくるそうした反論を見越して、私は語っているんだよ。常識人＝善良な市民は次のように言いたいんだろう？　みんな、おまえが考えているようなそんな単純な馬鹿ではない。ほとんどの人は、嬉々《きき》としてではなく、しかたなく社会的ゲームに従っているんだ。なぜなら、そうしないと組織は成り立たないからであり、組織に限定しなくとも、なじみの世界から一歩外に出て、膨大な数の見ず知らずの人に囲まれたら、他人がそうしたゲームに従ってくれないと、他人の行動が予測不可能となり、恐ろしく不安だからさ……、というように。

こうして、あなたの言った「社会的ゲーム」が成立している場は、タテマエを支える

（日本的）世間に置きかえてもいいし、もっと一般的には労働を機軸とする社会である「ゲゼルシャフト（Gesellschaft）」に置きかえてもいいであろう。そこでは人々の「ほんとうの気持ち」などどうでもいいのだ。各人がそれぞれの社会的役割を自覚して、そのかぎりで仕事をうまくこなしてくれれば、それでいい。電車の運転手は、運転するのが厭《いや》でたまらなくても、事故のないように細心の注意を払い、正確に電車を走らせ、正確に電車を停まらせてくれれば、それで勤まる。ホステスは客におべんちゃらを言うことに激しい嫌悪感を抱いていようとも、数時間客をいい気分になるようにもてなしてくれれば、それに対して客は金を払う。

こんなこと、私がいまさら言い出す必要もないし、私はこうしたことに反対しているのではないんだ。私が言いたいことは、組織において、いや、一般にゲゼルシャフトにおいて、各人がそういう役割的言説をみずからのからだにたたき込んでいくうちに、いつのまにか各人固有の敏感な感受性が摩滅してしまうということだ。これは、次のテーマ（「世間に従いたくない」）かもしれないが、職業がやはりその人をかたちづくってしまう。外に表出する態度や言葉遣いが、単なる表出に留《とど》まらず、その人固有の「内面」、つまり信念や思考様式や感受性を形成してしまうのだ。どんなに厭がっていても、どうにか警察官が勤まるのなら、彼（女）はそのかぎり警察官に適性があるのであって、その「内面」がぼろぼろに崩れてしまうほどの違和感はないのである。

B　わかります。私、厭だ、厭だと言いながら、もう五年もいまの会社に勤めているんです。机に向かってぼんやり考えごとをしていても、電話が鳴れば、もうてきぱきからだが動いている。相手が大切な顧客だと、もう心にもないお世辞をすらすら語っている。そのかぎり、私はもうOLという鋳型にはまっている。そうでき
てしまうのだから、すでに「ほんとうのこと」を言わなくても耐えられる体力をつけていることになるわけですよね?

まあ、そういうことだ。

A　先生のおっしゃること、じつはかなり賛成なんです。悔しいけれど（笑）。そこで、あらためて聞きたいんですが、先生はなんで本を書くんですか?　それは、自分の信念に忠実でありたいだけではないはずです。

カフカは、「祈りの形式として書く」と言っている。「書くことは不幸な意識であって、

不幸な意識の埋め合わせではない」とも言っている。トーマス・マンは「よく生きる人は、よく書くことはない」というようなことを語っている。こう言うと、自己陶酔のようであって、いささか心苦しいのだが、私が書くのは、とくに書きつづけるのは、不幸であることを自覚しつづけたいから、不幸であるという感受性が鈍ることを恐れているからだろうねえ。書くことによって、鈍っていた自分の不幸感を再確認し、マイナスの給油をして、やっと生きていけるとでも言っていいかなあ。

カフカは彼の『日記』の中で、私にはよくわかるのだが、次のように自分の不幸とその必要性を語っている。

時折り身体が八つ裂きになるような不幸を感じる。だが、同時にこの不幸の必要を感じ、不幸をぼくのほうに引き寄せるたびごとに、着々と近づきつつある一つの到達点の必要を確信する。

歳月の移ろうに連れて、ぼくが自分自身を組織的に破壊してきたということは、驚くべきことだ。さながらそれは、後々に決壊していく堤防の崩壊のようなものであり、故意の仕業であった。

（近藤圭一・山下肇訳）

Ａ　でも、失礼ながら、カフカと先生では書く姿勢がまるで違う。カフカの場合、書かなければ死んでしまうようなぎりぎりの緊迫感が作品の一行一行から立ちあがってくるようですが、先生の文章からはそれほどの緊迫感は感じられません。あくまでもぼくの個人的な印象ですが。

いや、Ａ君、遠慮することはないんだよ。まさにそのとおりなんだから。私も、カフカの作品の一行一行にこめられた奇跡のような清潔感、透明感、誠実性は何なのだろう、と不思議になる。こうした文体はまねのできるものではない。なぜなら、このすべては彼の清潔で透明で誠実な生き方そのものに根づいているのだから。

書くことと不幸との関係に話を戻すと、最近のことだが、ゲーテの『ファウスト』における、ファウストと悪魔メフィストフェレスとの契約の意味が、はっとわかった感じだよ。粉骨砕身して真理を追究してきたファウスト博士は、長いあいだの努力が実って、さまざまな学問を究め、それに付随して社会的地位や名声も獲得した。だが、ふと気がついてみると、青春はかなたに過ぎ去ってしまった。自分は学問以外何もしてこなかった。心弾むような人生の喜びを感じなかった。自分の人生はあるいは失敗だったのではないか？　こうさいなまれているとき、どこからともなくメフィストフェレスが彼の書斎に現われ、その手引きでファウストは失われた人生を取り戻すために、世間に船出する。メフィストフェレスはそのさい条件を一つだけもち出す。それは、ファウストがある瞬間に満足してしまったら、悪魔の手に落ちるということである。何ごとにも満足しないファウストは、その賭《か》けに勝つ自信があった。いかなる瞬間にも、全世界を肯定するということはありえないという自信があったから。だが、彼は負けた！　開拓地で汗水流して働く老若男女たちを見ているうちに、ファウストは思わず「時よ、留まれ、おまえはじつに美しい！」と叫んでしまったのだ。ちょっと引用してみようか。

知恵の最後の結論はこうだ、
生活でも自由でも、これに値するのは、
それを日々に獲得してやまぬものだけだ。
だから、ここでは、危険に取りまかれて、
子供も、大人も、老人も、有為な年を過ごす。
私もそういう人の群れを見て、
自由な土地に自由な民とともに立ちたい。

そのときは、瞬間に向かって、こう言ってよいだろう、
留まれ、おまえはじつに美しい！　と。
私の地上の日のあとは、永劫《えいごう》滅ぶことはありえない。——
そういう高い幸福を予感して
私はいま最高の瞬間を味わうのだ。
（ファウストは後ろに倒れる。死霊レムルたちが彼を抱き取り地面に横たえる）
（高橋健二・手塚富雄訳）

私の勝手な解釈によると、ファウストは、死すべき者としての、青春を失った者としての、残酷無比な世界の光景を正確に観察しつづける者としての、自分の不幸に留まるかぎり、つまり『旧約聖書』「ヨブ記」のヨブのように、「なぜだ？　なぜだ？」と問いつづけることができるかぎり、生きていけるのだ。この場合、「生きる」とは、思索し、その結果を全否定し、また構築し、それをまた完全に廃棄し、また考え直し、また反省し、……という操作をずっと繰り返すことだ。これができるかぎり、表現者は生きていける。だが、もしすべてを（死ぬことさえも）肯定してしまい「これでいいのだ」と呟《つぶや》いてしまったら、もう表現できないではないか！　死ぬしかないではないか！　こうしたことが、あるときは

っと体感的にわかった。

A　でも、単に書くこととそれを商品として出版することとは同じではないですよね。なんで、先生は書いたものを出版するんですか？

その問いに答えるほうが簡単だね。まず、身も蓋《ふた》もない回答をしてしまうと、生きていくためになにがしかの金を稼がねばならないとすると、以上の自分の欲求がそのまま生活の糧になれば、一石二鳥だと思っているからだろうね。さらに言うと、**私は書くことによって意図的に他人を巻き込んで自分の信念を確認しているのだと思う。自分の信念を確固としたものにするために、やはり他人の承認を求めているんだね。**

だが、断じて他人に幸福になってもらいたいから、他人に生きる勇気を与えたいから、書くのではない。もちろん、結果として私の言葉が誰かを救ったり、生きる気力を与えたりすることがあっても構わないがね。このあたりは相当慎重に語らねばならないが、私は「先生の本を読んでほっとしました」とか「生きていけそうな気がしました」という読者からの便りを受け取ると、とても複雑な気持ちになる。単純に嬉《うれ》しいと思うことはまずない。「他人を巻き込んだ」ことに対して居心地が悪くなり、でもしかたないと居直る。だから、私の言葉にいらだつなら、きみは私なんかおっぽり出して、自分で納得する人生を歩めばいい。自分の手で「人生の意味」をつかめばいい。人生の意味とは、「生きがい」と言いかえてもよく、生きていくことを力づける何らかの「目的」と言いかえてもいい。

A　それがわからないから、こんなに悩んでいるんじゃないですか！

巷《ちまた》には「人生には意味がある」と力説する本があふれ返っているじゃないか。みんな人生に意味があると思い込みたい。自分が生まれたことに、生きていることに、意味があると信じたいんだから、当然だと思うよ。だが、だからこそ、そこには大仕掛けなまやかしが潜んでいる。嘘が繁茂している。

私の恩師であるO先生は「人生にはいかなる意味もない」と断言していた。生そのものに死臭が漂っていると語っていた。そして、そのまま死んでしまった。あれほど死ぬことを恐れていた彼が死ぬまさにそのとき何を思っていたのだろう、というひえびえとした想像は尽きることがない。だが、私は彼とは違う。正直に告白してしまうと、人生の意味は、すなわち生きる目的は、あるのかもしれない、とかすかに予感しているんだ。神だって、死後の世界だって、絶対に存在しないと確信しているわけではない。ふと、何か私たちの知性を超えた途方もないものがあるのかもしれないと思うことがある。だが、その瞬間に、いや、ないのかもしれないと思いなおす。こうして、さんざん揺らいでいる現状なのだが、安易に人生の意味を見つけようとする現代日本の風潮に対する反発から、ひねくれ者としては、あえて人生には何の意味もないと言いたくなるわけなんだよ。

A　じゃ、あらためて聞きますが、先生はなぜ自殺してはならないと考えるのですか？ある人が心の底から自殺を願望しているかぎり、彼（女）にとっては残された家族の悲しみなど、取るに足りないものになっているはずです。なぜ、こんなに苦しいのに死んではならないのか？　自分の苦しみより（自殺したあとの）家族の苦しみのほうを優先させねばならないのか？　納得する回答はありません。先生はある本で「きみが死ぬと自分が悲しいから」と書いていますが、それこそまやかしですよ。どんなに先生が悲しもうが、自分が生きている苦痛より先生の悲しみを優先する理由にはならない。

私のまわりには、自殺予備軍のような若者が少なからずいるので、彼らに対するメッセージを自覚して、いままで「自殺してはならない」と言いつづけてきた。私はいまでも彼らから相談を受けたら「とにかく、死んではならない！」と強く言うであろうが、確固とした理由を挙げることはできないだろうね。これはさっき述べた「べき」の文法にかかわる。自殺に関しては、大多数の信念と私の信念がほぼ一致するから、私は「自殺すべきではない」という言葉を使いやすいことは確かだが、その場合でも、偶然私の感受性が大部分の人の感受性と一致しただけのことだと思っている。

こうした前提のもとで、あえてなぜ自殺してはならないかの理由を挙げてみるなら、二つに絞られるように思う。一つは、きみにはたった一度しか生きるチャンスが与えられないのに、それをみすみす自分の手で奪い去ってしまうのは「もったいない」じゃないか、というものだ。反感を受けるのを覚悟で、カントを引き合いに出してみようか。カントはすべての人は、生きているかぎり（じつは死んでからもだが、それはおこう）、自分自身を道徳的にも知的にも、そのほかの与えられた能力においても、完全なものにする義務があるとみなした。生きる目的とは、自分を全人格的に高めることなのである。

だが、私はこれを文字通り信じてはいないから、少し修正してみると、やはりこの世界がどうなっているかを知らずに死んでしまうのはもったいない。「どうなっているか」とは科学的知識の集積によって答えられるような問いではなく、それに基づいてあらゆる科学的知識が成立しているような、もっと根源的な問いだ。そもそも時間や空間は私から独立に「ある」のか？　「私」や「善悪」の存在は錯覚なのではないのか？　いや、そもそも「世界がある」ことですら幻想ではないのか？　……というような。だから、こうした真理を求める行為そのものを否定する自殺はすべきではないということになる。

A　ですが、そういう問いと一生格闘したって、結局は絶対的真理に到達なんかできないんでしょう？　やはり、ほとんど何もわからないまま死んでいくんでしょう？

そのとおり。それを知りながら、それでもその道を行こうとする者だけが哲学をするんだろうね。なぜなら、壮絶な格闘をとおして、ほんの少しは真理を垣間《かいま》見ることができるだろうという期待があるからさ。それだけでいい。それをおっぽり出して、この世で何にかまけても、無限に虚《むな》しいからさ。

少し英雄気取りのようで心苦しいが、キルケゴールは、絶望の最終段階を「絶望して自己自身であろうと欲する絶望」とみなした。これは、この世のすべてのことに絶望していながら、宗教に救いを求めない段階である。彼はこれを「悪魔的段階」とも呼んでいる。哲学の道を進むとは、あえて分類すればこの段階に似ているねえ。その前の「絶望しながら自己自身であることを欲しない絶望」つまり「弱気の絶望」や、さらにその前の自己欺《ぎ》瞞《まん》を重ねて絶望から眼を逸《そ》らせている「絶望であることを知らない絶望」も、悪魔的段階に比べれば気楽なものである。悪魔的段階は、いわば自分が「悪い」ことを肌にひりひり染みるほど知りながら、自分自身であることをまっとうするために寸毫《すんごう》も変えることができない、そんな状態なのだから。

A　たしかに、かっこよく聞こえますが、そんな悲愴《ひそう》な人生は厭《いや》だという人のほうが断然多いんじゃないですか？

そうなんだね。カントもキルケゴールも、論理構成が弱いわけではない。それどころか、透徹した洞察と堅固な論理に支えられていると思うよ。だが、にもかかわらず、多くの人に対して説得力をもっていないんだ。ほとんどの人は「やめてくれ、そんなくたびれることをするために生きているんじゃない！」と叫び出すことであろう。だから、これは、自殺すべきでない理由としても、ほとんどの人の心を動かさないだろうね。

そこで、自殺をしてはならない第二の理由だが、やはりきみが死ぬときみのまわりの多くの人が悲しむということに行き着くと思う。すると、ただちにきみは「なぜ多くの人が悲しむことを、すべきではないのか？」と私に問い返すことができる。そうして、私は答えに窮するというわけだ。つまり、熟考したあげくに自殺をしようとする人に向かって、問いを最終的に消滅させるようなかたちで、自殺すべきではない理由を挙げることは、私にはできない。

D　あのう、聞いていいですか？　じゃ、なんで先生は自殺しないんですか？

D君、いいかね。自殺すべき理由がないように、自殺しないで生きるべき理由もないんだよ。「いかに生きるべきか」に関して、いやさらに「はたして生きるべきか」に関してさえ、いかなる理由も挙げることはできない。そして、このことは、現に生きていることにはほとんど影響を与えない。われわれは、確固たる理由がわからないことを常にしているじゃないか。

D　………。

A　先生は、D君の問いに全然答えていないと思います。自殺すべき理由も、自殺しないで生きていくべき理由も両方ないのなら、なぜ先生は自殺しないのでしょうか？　やっぱり、単純な問いは残りますよ。

さしあたり、次のように言える。安楽死についての議論に見られるのだが、「殺すこと」と「死なせること」は違う。例えば、安楽死させるためにモルヒネの注射を打つことは「殺すこと」だが、医療行為をストップすることは「死なせること」だ。つまり、積極的な行為を介在させる（作為）か、放っておくか（不作為）の違いであり、専門家は前者を「積極的安楽死」、後者を「消極的安楽死」と呼んで区別している。安楽死を認める場合でも、前者には歯止めをかけて後者のみ許すという意見も多い。

その議論をここで借用すると、なにしろきみたちも私も「生きている」という与件から出発していま議論しているわけだ。私たちが――芥川龍之介の『河童』にあるように――みなまだ生まれていなくて、これから生まれることを決意するか（作為）、あるいはそのまま何もせずに生まれないままに留《とど》まるか（不作為）という選択に直面しているのなら、生まれないことを選択する者も少なくないであろう。だが、このことと、すでに生まれた者が自殺することとは異なる。

自殺しないことを「選択する」のと、自殺することを「選択する」のでは、同じ「選択」という言葉を使っているが、まるで意味が違う。前者は積極的には何もしないことであるのに対し、後者は「死」を実現するために積極的に決断することだから。しかも、その決断にはビルの屋上から飛び降りるとか、電車に飛び込むとか、ピストルで頭蓋骨《ずがいこつ》を射《う》ち貫《ぬ》くとか、相当勇気のいる具体的な行為が必要だ。それをすることへと自分(のからだ)をもっていくことは、そうせずに結果として生きていることとは別のずっしりした重みがある。だからこそ、自殺を思いとどまっている多くの人のうちには、はじめにD君が告白したように、自分を「殺す」のでなく、自分は何も手を下さずに、何の苦しみも感ぜずに、夜中にぽっくりと「死ぬ」のなら、それを願う人が少なからずいると思うのだ。

A　まあ、だいたい納得できます。

これに多少関連はあるが、「生きていたくない」と言うと、すぐさま「じゃ、死ねよ!」と憎々しそうに叫ぶ輩《やから》がいる。だが、これはあまりにも粗っぽい反応だ。いままでの話を聞いてみてよくわかるが、きみたちは生きていたくないけれど、といって死にたくもないのだろう? この二つの願望は矛盾してはいない。それどころか、ごく自然に両立するのだ。これも、はじめにD君が正確に言ってくれたように、この世に人間として生きるということは「死すべき者」として生きるということ、もうじき死んでしまう者、そして(たぶん）二度と生き返らない者として生きることだ。

ハイデガーが精緻《せいち》に分析したように、人間とは、もともとのあり方からして「死への（死にかかわる）存在（Sein zum Tode）」である。つまり、人間存在とは、はじめから「死すべき存在」であり、かつそのことを知っている存在なのだ。そして、このことは、カミュの言葉を使えば、「不条理（absurd）」である。なぜ不条理かというと、理性が納得できないからだ。このあたりは、ひとによって受けとめ方は異なるであろうが、私の場合、どうしても納得できない。この大枠を破壊できないかぎり、生きることは――どのように生きても――恐ろしく虚しい。つまり、生きているあいだずっと、しかもたえまなく、何か（私の理性？）がせせら笑うように「おまえはもうじき死んでしまう、もうじき死んでしまう」と私にささやくのだ。こんな残酷な生き方しかできないのなら、「生きていたくない！」と叫びたくなる。とはいえ、D君がはじめに言ったように、死んでしまえばもう死に対する恐怖はなくなるから死にたい、というような単純な問題ではない。

D　ええ、そうです。はじめそう言ってみたんですが、どうも嘘があることは自覚しています。死刑囚になぞらえて、こんなに苦しいのならさっさと死刑になりたい、という心境に重ね合わせたのですが、まったく同列には論じられないような気もします。

そう、拘置所の中で毎朝、看守たち数人の足音が自分の部屋の前でぴたりと止まることに震えおののいている状態と、漠然と「明日にでも死んでしまう」と思っている状態とは同じではない。たとえ、私が末期癌でまもなく死ぬことを告知されているにせよ、これは「明日の午前十時に絞首刑に処す」という仕方で死を宣告されることとはずいぶん違う。

D　でも、そう言われるとまた揺れ戻して、やはり自分の心境は死刑囚と紙一重だと言いたくなります。死ぬ瞬間の恐ろしさはなるほど違うでしょう。でも、「死んでいる」こと、つまり「無」に対する恐怖は同じなのではないかと思います。ときどき、あと数十年で自分は死に、その後何億年経っても生き返らず、そのまま人類も消滅し、太陽系も崩壊し、やがて何百億年のかなたで宇宙は終焉《しゅうえん》を迎える……と思うと、たぶん独房に放り込まれた死刑囚が何度も壁に頭を打ちつけて思っているように、「こんなことがあってたまるか！　何かのまちがいじゃないか！」と叫びたくなりますね。ほとんど、気が変になってきますよ。

わかっているよ。私もまったく同じなのだから。そのことは、最後にまた議論することにしよう。

世間に従いたくない

さて、それでも自殺をしないで生きていくとすると、きみたちの前後左右に立ちはだかっているのは（いままで何度も使ってきたが）「世間」という名の、とらえどころがないようでいて、はっきりとした力をもつかなり手ごわい相手だ。世間とは「場」でありながら「ひと」のことでもあって、ハイデガーが「世人（das Man）」という言葉で表わそうとしたように、特定の誰かではなく、しかもすべての人であるわけだ。だから、「世間が……」という人に、「それは誰と誰ですか？」と聞きただしても、答えてはくれない。さらに、日本語の「世間」は独特の意味をもっていて、「世間の風は冷たい」とか「世間が許さない」とか「世間に顔向けできない」という用法にあるように、各個人を冷酷なほどの批判的な視線でじっと見つめている人々、しかも顔の見えない大多数の人々という意味合いをもっている。世間はきみたちの真正面からではなく、背後から襲いかかる。しかも、きみたちが気づかないままに、後ろ指をさしたり冷笑したりするというかたちで。

C　よくわかりますよ。それに付け加えて、ぼくが世間に対してどうしようもない違和感を覚えるのは、世間においては「善いこと」がほぼ決まっていて、大多数の人はそれにほとんど疑問をもたない。しかも、自分が従っているだけではなく、普遍的かつ絶対的なものとして、ぼくに要求してくることです。

ぼくだって、幼児が虐待されたり、少女が誘拐《ゆうかい》されて殺されたりしたら、かわいそうだと思います。犯人に対する憎しみもありますよ。でも、世の中こぞって、彼に「自己中心的で残虐な奴」という言葉を投げつけている光景を目撃すると、たとえようもなく不快になります。**自分は絶対に善の側にいて、悪人を裁きつづけるその安易な態度に寒気がします。**地震の被災地の人にも漠然と同情しますよ。でも、それがテレビでも、新聞でも、街頭でも、あまりにも定型的に声高に唱えられると、自然に反発を覚えるのです。

A　ぼくも大体同じ感じなんですが、もう少し掘りさげて言うと、次のようなメカニズムが働いているように思うんです。ぼくが現に感じている犯罪被害者や被災者に対する共感より、世間で要求される共感は少し、いやかなり程度が高い。こうした差異構造のもとに、世間で「共感せよ！　共感せよ！」と声高に叫ばれると、つい自分の実感よりもっと冷酷になって、「共感なんかしてやるもんか！」という気になる。ちょうど、「さあ、勉強しよう」という気になったときに、「いつまで遊んでいるの！ 勉強しなさいよ！」と母親から言われると、急に勉強する意欲が萎《な》えてしまう中学生のように。

C君、A君、うまく表現してくれたね。よくわかるよ。現代日本では、感情はきびしく統制され、各人のなまの感情は封じ込まれ、「感じるべきこと」しか語ってはいけないという暴力がまかり通っている。「地震の被災者には、何の感じも抱きません」と語ってならないだけではない。そう思っても感じてもならないのだ。これは単なる社会的ゲームではない。まさに、言語統制ならびに感情統制である。

憲法では、「言論の自由」と並んで、「思想の自由」が保障されている。考えることはもともと自由なのだから、わざわざ憲法で保障しなくてもいいではないか、という議論もあるが、じつはこれはあくまでも言論の自由に付加して保障されているのだ。言論の自由が保障されないところでは、思想の自由もまた保障されない。思想の自由だけを認めて、言論の自由を認めない社会は、じつは思想の自由も成立しえない社会なのだ。だから、現代日本のマスメディア（とくにテレビ）が厳しい言論統制を実施するかぎり、それを通じて感情統制をも実行していると言っていいであろう。

C　はっきり言うと、ぼくには、他人の苦しみがあまりストレートに伝わってこないんです。一時は、ああかわいそうだなあって思うけれど、すぐにどうでもいいやって思ってしまう。まして、この前のインド洋の津波など、映像を見た瞬間は、ああ、たいへんだなあと思うけれど、十分もしたらすっかり忘れている。

いや、C君、まったくまともだと思うよ。**人間とはそれほど想像力の豊かな存在者ではなく、他人の苦しみがわからないことは普通のことだよ。**ほとんどの人は、自分が苦しんでいるときに、その苦しみをわかってもらいたいと願う。だが、他人はなかなかわかってくれない。といって、自分だって他人の苦しみなんかわかろうとしないのだ。これは、誰でも知っているごく普通のことだろう？　とすると、人間とは愚かで怠惰な生き物だから、自分の苦しみをわかってもらいたい人は、わかってくれない人に追いすがり、説得し、そしてわかってもらうことを勝ち得るしかない。ひとは変わりうるから、そのことによってある人はわかってくれるかもしれない。

現代日本では、他人の苦しみがわからない奴は、もう人間として屑《くず》であると決めてかかり、そういう輩《やから》を一方的に非難し、切り捨てることしかしない。だが、老人や外国人や身体障害者など「公認された弱者」の苦しみに共感できない者を激しく断罪するいわゆる「善良な市民」が、自分では実感しない他人の苦しみに対していかに鈍感か、私は先に言った「音」に関して身に染みてわかったよ。いや、ずっと前からわかっていた。偏食の多い私に、給食を全部食べるように要求し、体育の大嫌いな私に、走るように、ボールを投げるように強要し、遊ぶことの嫌いな私に、遊べ遊べと命令し、そうしながら自分たちは私を苦しめているという自覚が、まるでなかったのだから。彼らは私固有の苦しみを理解しようとさえしなかった。こうした個人史をもつ私にとって、「他人の苦しみをわかれ!」という善良な市民の掛け声ほど嘘臭く響くものはないねえ。

C　いつもの先生の「うらみつらみ」ですね。でも、そう言いながら、先生は世間に向けて矢を放つことが許されている。世間は、先生の言葉ならある程度聞くじゃないですか。でも、ぼくには何もない。世間で何もやり遂げていないから、世間はぼくの言葉に耳を傾けようとしないのです。

世間は、その中で成功した人には寛大です。でも何もしていない人には思い切り辛《つら》く当たる。おまえは世間で評価されることを何もしてこなかったのだから、さっさと世間に従え、悔しかったら世間をあっと言わせるようなことをしてみろ、となる。

こういう差別構造、先生は知っているでしょう？　ずいぶん前のことですが、ある少年が世間をあっと言わせたくてバスジャックをたくらんだ。その気持ちもぼくにはよくわかります。ぼくは、「世間では……」と語る大人たちのそのうす汚い根性が厭《いや》なのです。世間で成功した者は見逃して、「それができないんだったら、おまえ、世間に従うんだな」という濁り切った眼で若者たちを見ている。とくに、その言葉の芯《しん》には「おれと同じように」というルサンチマン（恨み）にまみれた響きがあって、高望みする若者たちを見つけるや、自分のほうへ引きずり落とそうとする下品な野望が見える。この構造すべてが醜悪です。

きみの分析は基本的に正しいように思う。私も、「世間では……」と大上段に構えて語る輩は、どうしても好きにはなれない。その背後には、「大人になれよ！」という日本語と重なる響き、すなわち「つべこべ言わずに、みんなのしているとおりにしろ！」という暴力的かつ高圧的な駆り立てを感じるから。

「世間では……」とお説教する人々は、自分の言葉がどこで誰に対して支配力をもっているのか、よくわかっているのだよ。彼らは国際的に活躍する芸術家とか、一匹狼の成功した経営者とか、一般に社会的強者に向かっては、その人がいかに偏屈でもエゴイストでも、「世間では……」という言葉をぐいと呑《の》み込む。そして、社会的弱者に狙いを定めてじゅんじゅんと「世間では……」とお説教するんだ。その計算しつくされた差別的態度は、ほんとうに反吐《へど》が出るほどだね。

C　そうなんですね。ほんとうにそうなんですね。でも、こう言いながら、ずいぶん自己嫌悪もありますよ。世間で認められることをまだ何もしていないぼくが、世間を軽蔑《けいべつ》する資格がないこともよくわかっているのです。ぼくは、職場でも大多数の大人を軽蔑していた。でも、はたして自分にそれだけの資格があると言えるのか、と考えはじめると、からだが震えてくるほどの不安を覚える。ぼくは大学にも受からなかったし、何も他人に誇れるものはない。なのに、むやみにプライドだけは高くて、それが何に基づいているのかよくわからないんです。

C君、ずいぶん弱気になっているが、言っていることはよくわかるよ。何の実質的・具体的な根拠もなく、ただ「自分だから」ということに基づく自負心をサルトルは「形而上《けいじじょう》学的自負心（l'orgueil métaphysique）」と呼んでいる。彼の卓越した評論『ボードレール』の中に出てくる言葉だがね。社会的に認知されるものを何ももち合わせていないのに、若きボードレールはこの「形而上学的自負心」によって自分を支えていた。多かれ少なかれ誰にでもある自負心だとは思うが、きみにはそれがとくに強いんだろうねえ。ただ、ボードレールとの大きな違いは、きみにはどうも天才的な詩の才能がなさそうだということだ。ボードレールは、なるほど当時は世間で認知される仕事を何もなし遂げていなかった。しかし、彼は自分が天才であることを知っていた。自分の才能に気づいていない天才はいない。自分が天才だと錯覚している凡才は掃いて捨てるようにいるがね。

つまり、残酷なことに、この「形而上学的自負心」は、たとえいまだ（あるいは永久に）世間によって認知されなくとも、みずからの才能に対する確固たる自負心＝自信によって裏打ちされねばならないのだ。C君は「形而上学的自負心」に一瞬すがろうとするが、自分のうちにいかなる特殊才能も見出すことができないゆえに、とうていそれを維持できない。それにしがみつきつつも、世間を軽蔑しきれない。世間を完全に無視しきれない。そして、世間はそういう青年を放っておいてくれない。きみの戸惑いを正確に見通して、きみの全身を鋭利なナイフのような視線でぐさぐさ切り刻むんだよ。

C　先生が歯に衣《きぬ》を着せずあんまりストレートに言うので、そのとおりと思いながらも泣きたくなってきますよ。

世間のいやらしさを語り出したらきりがない。世間は世間から飛び出そうとする青年たちを、自分たちのもとにひきずり込もうと虎視眈々《こしたんたん》と狙っている。世間はそうした青年たちの財産（社会的に評価されうる付属物）を正確にかぎ分け、そのあるなしによって、くるりと態度を変える。これまで私は「世間では……」という言葉の絨毯《じゅうたん》爆撃を受けつづけてきた。私がそれに対抗しようとしても（その不当なことを力説しても）、両親や姉妹や教師をはじめ、誰も耳を傾けてくれなかった。みな、鼻先でふんと笑い飛ばすのだ。「いまにわかるよ、そんな夢みたいなこと呟《つぶや》いていても生きていけないってことが」と、どいつもこいつもえらく確信して私に迫ってきた。

いいかい？ それが世間なんだよ。「世間を見返す」という言葉があるが、そうしたところで、これはやはり世間の価値基準に沿って、世間を黙らせるということでしかない。その意味で、やはり世間の手のうちで踊ってるってわけだ。だから、世間を見返すことではなく、むしろ世間が私をそっとしておいてくれる場を獲得したかった。それが、哲学科の大学院だということは、前に言ったとおりだけど。

D君、怪訝《けげん》そうな顔をしているけれど、何か言いたいの？

D　ぼくも、そういう空気を求めて哲学科に入ったのです。でも、ひどく失望落胆したことに、ほとんどの学生はそんな問いには見向きもせず、ぼくがそういう方向に話をもっていこうとすると、やめてくれとばかりにさえぎり拒否する。そして、一様に軽蔑的なうすら笑いを浮かべているんです。彼らは、レヴィナスの他者論や、ヴィトゲンシュタインの私的言語論や、デリダの脱構築論などでしたら、身を乗り出すようにして議論する。でも、ぼくが「死ぬってどういうことだろう?」とか「生きていて虚《むな》しくないか?」という問いを発するや否や、不潔な言葉でも聴いたように耳をふさぐ。これは、何なのだろうかって思いましたね。

そのうちくたびれはてて、授業にも出なくなり、ひきこもるようになったわけです。卒業だけはしなければと思ったのですが、どうしてもみんなのように卒論に器用なテーマを見つけて「研究」なんかできないと思い、さらに大学院に進んでも、同じように「カントがこう言っている、ヘーゲルがこう言っている」という「研究」ばかりしているのは耐え難いと思って、やめてしまったのです。

なるほど、いまはっきりときみの「ひきこもり」の理由がわかったよ。私の場合、私を拾ってくれたO先生自身がこういう素朴な問いを重んじてくれたから、救われた。彼が私の前に現われなかったら、私は哲学をしなかったろうねえ。その場合、どんな人生を歩んでいたか想像もつかないよ。たぶん、ひどく悲惨な人生じゃなかったかと思うがね。ずっとあとで知ったことだが、学生がこういう素朴で根源的な問いを発したときに、喜んで聞いてくれる哲学科の大学教師は、残念ながら日本中を見渡してもごく少数だねえ。ほとんどの先生は、やはり顔をそむけるのではないかと思う。そして、そうした先生の態度に学生も同調しているんだね。つまり、哲学科とは専門研究者になるための訓練の場所だというのが、彼らの信念なのだ。「どうせ死んでしまうのに、なぜ生きているのか?」というような素人臭い問いにこだわるのは、哲学研究者としての沽券《こけん》にかかわるというのだろう。

いま、日本の哲学界は分析哲学と現象学に支配されていると言っていいが、両方とも何しろ粗っぽい議論はハナから受け付けない。綿密な考証と正確で細部にわたる議論を果てしなくすることが求められている。まあ、精密科学と同じだね。だから、哲学を志す多くの青年をいまの――いや、いまに始まったことではないが――日本の大学の哲学科は丹念につぶしていると言えよう。そして、誤解を恐れずに言うと、私はそれでいいと思っているんだ。哲学などというやくざな営みは大学という公共の機関でする必要のないことだ。旧帝大などの一部に、哲学研究者という(かならずしも哲学者ではない)専門家を養成する機関を設置すれば、あとはすべて廃止してもかまわない。哲学は、幕末の私塾のように、志を同じくする人が勝手に集まってすればいいのだから。

D　それで、先生は「無用塾」を開設したのでしょう？　ぼくもそこに行きたかった。なんで、先生は閉鎖してしまったのですか？

正確に理由を語るためには、長い説明が必要だが、ここでは要点だけに絞ろう。いままで言ったことと矛盾するように聞こえるかもしれないが、そうではないから誤解のないようによく聞いてほしい。たしかに、いまの大学の哲学科は哲学研究者の養成機関でしかない。そう確信して私は塾を始めたが、回数を重ねるうちにあらためて「哲学する」場を開く難しさが身に染みてきた。うれしいことに、ごく少数だが、哲学する姿勢だけは申し分のない人々もいた。彼らに出会えたことは、私にとって生涯の宝とも言えるほどだよ。また、私はその場を、哲学的知識を学ぶことと並んで、「どうせ死んでしまうのだから何をしても虚しい」というような、社会では忌避される思い切りネガティヴなことを自由に語れる場として提供しようとした。「職場でさんざん痛めつけられたけれど、『無用塾』に来るとほっとする、あと二週間生きていける」という声を聞くたびに、素朴に嬉《うれ》しかったよ。

だが、しだいにこういう声が大きくなり、「無用塾」は生きにくい人の溜《た》まり場、いわば駆け込み寺のようになっていった。彼らの多くはカウンセリングや精神科に通っており、――それはそれでいいのだけれど――自殺未遂も多く、肝心の哲学の中核に、つまり「自我」とか「存在」とか「時間」とかの問題に食らいついていく意欲がないのだ。こうしたテーマに関する文献を正確に解読し、徹底的に思考し、自分固有の言語で語り出そうという情熱がないのだ。それができないことに対する自責の念がないのだ。彼らは、ただそこにいると気分がいいだけであり、これは思わぬかたちで哲学に「癒《いや》し」という名の有用性を求めていることになる。幸福を真理より優先していることになる。「無用塾」の理念に明確に反する。

私は、不幸な人々を救おうとして哲学塾を開いたのではない。幸福より真理を求めるという志をもった人々が、ひとりでは世間の過酷な風に当たってしおれてしまうから、互いに刺激を与えながらその志を貫く場として塾を開設したのだ。だが、……現実は先に述べたようなものであった。この中で、私は数人の哲学的センス抜群の青年に出会ったが、彼らは次々に「無用塾」を踏み台にして東大や慶応の大学院に進学してしまった。こうした結果を突きつけられ、私の信念は揺らぎはじめた。やはり、哲学はきわめて少数の知的エリート（偏差値秀才）にしかできないものなのだろうか？　いや、そうではないはずだ。

だが、いかに哲学的センスをもっていても、哲学科の大学院に進まず、ということは哲学するいかなる修行の場も与えられずに、どうやって哲学の営みを続けることができるのか？　私は問えば問うほどわからなくなっていったのだ。

D　どうも先生のお話をうかがっていると、あまりにも高い理想を掲げすぎるように思えます。いろんな人がいていいじゃないですか。その空気に癒されるだけの人がいても、それだけで大したものだと思いますが……。

きみの言うこともよくわかる。かつての塾生たちからも再開の要望は多い。だが、私にはまだ「これだ」という自信がないのだ。自信のないうちに再開しても、またひっくり返るだけだからね。私は日本国民の多くに哲学をしてもらいたいわけではない。確実に九九パーセントの人は、哲学などしなくても立派に生きていける。いや、哲学などしないほうが立派に生きていけるだろう。

人生経験を積めば積むほど、いわゆる「哲学的センス」がいかにわずかな人々にしか与えられていないかがわかってきたよ。私はただ自分を含め一パーセント、いやそれでも百万人以上いるのだから、場合によっては〇・一パーセント、いや〇・〇一パーセントの人々のために、つまり哲学をしなければとてもじゃないけれど生きていけない人々のために、真に彼らのためだけに、「無用塾」を開きたいのだ。

とはいえ、そう言った瞬間に再確認しなければならないが、それは、彼らを「救う」ためにではなく、私自身が哲学を続けるためなのだ。私には、ごく少数でいい、真に哲学をする仲間、つまり「どうせ死んでしまうのだから、何をしても虚しい」とか「やがて人間の営みはことごとく宇宙から消え去ってしまう」というような「ほんとうのこと」をそのまま語り合うことができ、かつこうした根源的な問いと自然につながったかたちで、「存在」や「時間」についても思い切り精緻《せいち》な議論ができる仲間が必要なのだ。とすれば、「無用塾」のあり方に関しては充分考え抜かねばならない。

D そういう場所があれば、ぼくも参加したいですね。でも、また同じことを繰り返しますが、「無用塾」に参加するすべての人がその二つのことを完璧《かんぺき》になし遂げなくてもいいんじゃありませんか？　Xさんは前の根源的だが素朴な問いに関しては鋭いセンスがあるけれど、あとのいわゆる「勉強」についてはそこそこの興味しかない。Yさんは、逆に、前の問いにはぼんやりした自覚程度だけれど、あとのテーマに対する理解に関してはすばらしい能力をもっている、という具合に。

それが、そうはいかないようなのだよ。いまD君が示してくれた分類を使うと、Y君はどうにか哲学を続けられるように思う。だが、問題はX君のような人なのだ。私は「無用塾」でこういうたぐいの青年たちを多く見てきたが、まさに哲学的センスがあるからこそ、世間に適応していくことが難しい。彼らは「無用塾」の空気に当たってほっと安心する。だが、それによってますます世間に出られなくなっていくのだ。私が「それでいいのだよ」と保証することによって、ますます生きにくくなってしまう。生きにくいからこそ、その生きにくさをとことん追究して、それを何らかのかたちで生きる力（できれば職業）に転化できればいいのだが、これがなかなか難しい。やがてこのことを悟って、――たぶん何ほどかの憎しみを私に対して抱いて――私のもとを去っていく青年たちは少なくなかった。

私が「無用塾」を再開するのを躊躇《ちゆうちよ》しているのは、こうした経験を踏まえてのことなのだ。哲学塾を開始するにあたって、私は社会的有用性を否定してきた。そのために「無用塾」と名づけたのだからね。だが、生きにくい青年たちを誘惑して、さらに彼らの非社会性を「伸ばす」ような社会的有害物をいまさらつくろうとは思わないよ。

B　すみません。哲学以外の話をしていいですか？

あっ、ごめん。つい、熱っぽく語ってしまった。この中で「無用塾」に興味をもっているのはD君だけだったね。

B　あのう、私は先生がいま言われた生きにくい人々やDさんのように過敏なほどの繊細な精神はもち合わせていませんから、社会でどうにか生きていけるんですが、世間ってなんでこうも他人にお節介を焼くのでしょうね。積極的に私に親切にしてくれなくても、助けてくれなくてもいい。ただ、放っておいてくれたらいいと思うんですが、これを要求することがいちばん難しいんですね。

C　それは、ぼくも思いますね。もっとはっきり言うと、ぼくが「助けてくれ」と頼んだときだけ助けてくれればいい。あとはいっさいぼくに干渉しないでもらいたい。でも、もしこう言ったら——怖いから言いませんが——ぼくはものすごいエゴイストとみなされてしまう。みんなからつまはじきにされることは、火を見るより明らかです。

その問題は、私もずっと考えてきたことだよ。そして、そうしたドライで合理的な人間関係こそ私も望むところだが、どうしても世間では通じないことも痛いほどわかっている。みんな心やさしく傷つきやすいのだね。というより、心やさしく傷つきやすい社会的ゲームを遂行しつづけようとするのだね。そして、このゲームに参加しない者を容赦なく排斥しようとする。例えば、かつて身を粉にして私を助けてくれた人に、今回はありがた迷惑だからと思い、「結構です」とたとえ遠まわしに言ったとしても、すぐむくれて「わかりました。もう二度とあなたを助けません」ということになってしまう。ある画家の個展に一度足を運んで「すばらしかった」と彼（女）に伝えたとたん、次々に個展の案内状が届けられる。「もうたくさんです」とも言えず、さまざまな言い訳に苦慮する。みんな、こうしたことによる人間関係のもつれが怖いから、役にも立たずおもしろくもない事柄に膨大な時間を割いている現状だろう？

こうしたことが年齢とともに加速度的に増えるにしたがって、私はほんとうにくだらないと思うようになった。少なからぬ場合、お互いにできれば相手から離れたいのに、タテマエ上付き合わなければならない。そして、あとで「またお会いしたいです」という手紙を書かねばならない。短い人生なんだから、いやいや他人とかかわることに膨大な時間を使うのは、じつに馬鹿げていると思うよ。

B　でも、そういうことみんな頭ではわかっていながら、変えるのってすごく難しいですよね。

いや、腹を据えて全身で取り組めばどうにかできないこともない。時間がかかるけれどね。五十歳を迎えたころかなあ、私は心ならずも他人に自分の貴重な時間を与えることをぷつりとやめてしまった。その後八年あまり経って振り返ると、努力の甲斐《かい》あってか、人間関係はずいぶん楽になり、いまではほとんど自分のためにしか時間を使っていないと言っていいよ。

具体的に言えば、いまでは儀礼的な会議やパーティーには絶対に参加しないし、誰の葬式にも結婚式にも出席しないし、たとえ親しい人でも、こちらが会いたくないときには誰にも会わないようにしている。「忙しいから」という（嘘の）理由をつける必要もない。向こうが会いたくても、いま私は彼（女）に会いたくないから会わないのだ。同じように、私が「呑《の》みに行こうか？」と誘って断られることもずいぶんある。お互いさまだから、まったく傷つかない。こうして、漱石の言葉を使えばそれぞれが「自分本位」である人どうしの関係って、とても居心地がいいものだ。

Ｂ　でも、そうした理想的関係を築けるのは、先生が社会的強者だから、自分の美学を受け入れてもらえるだけの力をもっているからでしょう？　そういうふるまいに出ても、世間から抹殺される危険がないからでしょう？

まあ、そうだね。だから時間がかかると言ったのだ。だが、若いころからでも、少しずつ地固めをすることはできる。たしかに、会社に勤めていて、社長の葬儀に出ないことは難しいだろう。だが、自分の親しい人との付き合いにおいては、こうしたドライな関係を実現させようとすればできるんじゃないかな。その場合、まず自分が誰にも過剰に期待してはならないところから出発しなければならない。誰に拒否されようと、過度に傷ついてはならない。自分が会いたくても、相手が会いたくないとき、自分がこんなに苦しんでいるのに、相手が同情してくれなくても、相手を責めてはならない。ひとりで耐えなければならない。こう書いていくと、若いうちはやはり難しいかなあとも思うが……。なにも、世界中の人とうまく付き合わなくてもいいのだ。職場では、ぎりぎり失業しないように配慮して、できればその職場に自分と気の合う二〜三人の同僚がいれば、どうにか生きていけるだろう？

B　ええ、そうなんですけれど……。

世間っておもしろいもので、さっきはさんざん悪口を言ったが、そうはいってもまったくのアホの集まりでもなく、あなたが仕事をきちんとこなし、誠意をもってそれぞれの人に当たっていけば、それなりにわかってくれることもある。中には、それでも無理やりにあなたを「掟《おきて》」に従わせる人もいるが、私の実感ではどの組織にもかならず徹底的な人間嫌いや徹底的な個人主義者が少数ながら混じっている。あなたの眼から見ると、最初のうち彼らはむしろ厭《いや》な奴に見えるだろうが、しだいに江戸時代のキリシタンのように、迫害された者どうし互いにわかり合い、引き合うことができるかもしれない。そういう人を見抜き、そういう人を味方につけることができるかどうかは、あなたの力量しだいだがね。あなたは充分人間観察を積んできたんだから、それもできると思うけれど……。

C　話を変えていいですか？　おかしなことを言うと思うかもしれませんが、笑わないでくださいよ。ぼくはまだ若いから、あるときチャンスが空から降ってきて、自分の趣味に合った会社に勤められて気持ちよく働けたり、ある人にめぐり合って、すんなり結婚して子供もつくり幸せな家庭を築けたり……、そうした可能性もゼロとは言えないように思うんです。さっきから、自分は世間では生きていけない生きていけないとさんざん駄々をこねていながら、何かのまちがいで、これほど厭だった世間にあるときぴたりと適合して、満足して生きていけるのかもしれない。そうなったらどうしようと、いまから恐れているんです。先生、わかりますか？

ああ、よくわかるよ。それも、そんなに不思議なことではない。というか、私のにらんだところでは、ここにいるみんな程度の差こそあれ、そう考えているんじゃないかな。とくにD君は、きっといまのその閉塞《へいそく》状態を打開するどんな「名案」が提示されても、まず受けないいんじゃないかと思う。そうだろう？

D　ええ、まあ。

そして、それはある意味で当然だ。なぜなら、D君の問いは恐ろしく根源的なもので、確実に死なないことが保証されればともかく、そうでないかぎり、やはりどんな名案でも、「死ぬ」という枠内のことだから、それは死ぬことに対する研ぎ澄まされた感覚を麻痺《まひ》させることでしかない。とすると、それは明白な堕落であり、自分自身ではなくなるから、拒否するというわけだ。フロイトは、いかに病状に悩み苦しんでいても、すべての患者に「治りたくない」という意志を見いだしているが（彼はこれを「抵抗」と名づけた）、これにも似ているね。「死ぬこと」にこんなに恐れおののいているのに、それを楽にする方法を提示されたとたん、断固拒否するのだ。そうだろう？

D　まさにそのとおりです。

A　ぼくも、Cさんの言ったことよくわかりますよ。さっきも言いましたが、ぼくは負け犬は厭なんです。どこまでも勝ち抜いて、自分の所属する仲間たちからも承認され、その外の人々からも一目置かれる存在になりたいんですが、同時にそういう出世ゲームがとても虚《むな》しいこともわかっています。そして、それに虚しさを覚えなくなったらどうしよう、といまから不安ですね。だから、さっきのファウストの話、ぼくはよくわかるんです。幸せな家庭を築き、大企業の重役におさまり、仕事も順調で、つい「これでいいんだ」と呟《つぶや》いたとしたら、それは身震いするほど恐ろしいことですね。悪魔の思う壺《つぼ》ですね。

みんな、わかっているじゃないか。私からは何も付け加えることはないよ。

B　私は少し違う感じです。女だからかもしれませんが……。ひとことで言うと、私は幸福になるのが怖いんです。その場合、幸福とは定型的な幸福、みんなが「お幸せですねえ」という言葉を投げかけるような幸福です。さっきも言いましたが、母や妹との確執を通じて、自分は幸福になってはいけないんだ、というような確信のようなものがあるんです。私は自分の性格も厭でたまらないんですが、その厭な性格も、「おまえは醜い！」という視線を浴びつづけることによって自分で形成してきたところがある。いまでも母を責めていますが、全部母のせいになんかできないことくらい知っています。母が残酷だったことは事実です。でも、やはり私は「厭な子」だったのだと思います。それを受け入れるほかないと思います。

親から虐待された子のほとんどが、そういう心理状態になるようだね。私はカウンセラーではないからあなたを「治す」ことはできない。そして、たぶんBさんも「治る」ことは期待していないと思う。とすると、突き放した言い方だが、「幸福になってはいけない」

という確信をしっかり背負って生きるしかない。Bさんが、それだけ内省的な能力、そしてそれを正確に言語化できる能力をもっているのは、まちがいなく、自分が「醜い厭な性格の子」だという自覚のためなのだから。

B　私も、Dさんのようにからだが震えるほど死ぬことが怖ければいいのに、と思います。そうすれば、くっきりした輪郭をもった不幸な女の物語を作ることができますもんね。すでに自分の物語の中に生きているDさんがうらやましい。首尾一貫していてかっこいいと思います。

D　そんなロマンチックなものじゃないですよ。ほとんど発狂しそうなんだから。

私は、Bさんの言っていることも、そんなに的はずれではないと思うな。D君は知らないうちに、「死」によって自分を鍛えあげている。Bさんのように母親ではなくて、「死」に虐待された物語を作りあげていけば、大学中退も、ひきこもりも、人間不信も、自信のなさも、世間に対する恐れも……すべて「死」という悪のせいにできるからね。別に悪気があって言っているわけではないが。

D　そういうことも、うすうす感じているんです。でも、やっぱりそのすべては「死んでしまう」という絶対的事実の前では瑣末《さまつ》なことですよ。

話がだんだんずれていくようだから、「世間」というテーマはこのあたりで打ち止めにして、次に世間で大人として生きていくうえでの最大の条件である「働くこと」について話し合うことにしようか。

働きたくない

きみたち四人とも、働くことに希望をもってはいないんだよね。働くとしても、金を稼ぐため、あるいは社会から転落しないため、しかたなく働くというところだね。なんで、そんなに働くことが厭なのだろう？　このあたりから、聞かせてくれないか？

C　単純に、働いても全然おもしろくないからですよ。意味ないと思っちゃうからですよ。ぼくはいままでコンビニや呑《の》み屋でバイトしたことがありますが、どの店がつぶれてもいっこうにかまわないと思いました。でも、多くの人は一生懸命にその店のために働いているかのようなそぶりをしている。それがぼくにはできないんです。

普通の大人が聞いたら、いまのようなC君の発言はひどく顰蹙《ひんしゅく》を買うだろうねえ。「甘えるのもいい加減にしろ！　金を稼ぐことは遊びではない！」と怒鳴り出すかもしれない。それは、自分たちもやはり、いやいや働いている要素があるからだろう。ほとんどの大人は、ただ金を稼ぐために好きでもないことをし、心にもない追従を並べ、そして、自分の信念を曲げて、あくせく働いている、と言っていいほどだ。それを、「おもしろくない」だの「意味ない」だの、駄々をこねているのを見ると、殴りつけたくなるのだろう。

日本社会の公理とも言えるものに、「わがままを許さない」という法則があるように思う。「自分もわがままにしたいのはやまやまながら、それを必死の思いで抑えているんじゃないか、だからおまえも抑えろ」という図式だ。働く現場で、この図式は猛威を振るうように思われる。働くことはわがままを抑えることと等価だという感すらする。だが、働かねば生きていけないことと働きたくないこととはやはり区別していいことだ。人間が働かねば生きていけないことを知りながら、それにもかかわらず働きたくない気持ちが湧き起こるのは、ごく自然だと私は思っている。働きたくない人が、「何しろ働け！　働け！」と怒鳴るまわりの騒音になびかず、また自分の感受性や信念をごまかさずに、その理由をしっかり追究することは重要なことだと思っているがね。

「ある朝、グレゴール・ザムザが気がかりな夢から目覚めたとき、自分がベッドの上で一匹の巨大な毒虫に変わってしまっているのに気づいた」という文章で始まるカフカの小説『変身』は、ほんとうにリアリティーがあるねえ。私にとって、この小説のテーマは人間実存の不気味さとか何とかではない。ただ、ある日突然働きたくなくなると、こんな気分になるんだ。この小説は、その気分の変調をこのうえなく鮮やかに表わしている傑作なのだよ。はじめのほうの一部を読んでみようか。

「ああ、なんという骨の折れる職業をおれは選んでしまったのだろう」と、彼は思った。「毎日、毎日、旅に出ているのだ。自分の土地での本来の商売におけるよりも、商売上の神経の疲れはずっと大きいし、そのうえ、旅の苦労というものがかかってくる。汽車の乗りかえ連絡、不規則で粗末な食事、たえず相手が変わって長つづきせずけっして心からうちとけ合うようなことのない人づき合い、まったくいまいましいことだ!」
（原田義人訳）

どうだろう? 私も、昔ある会社に入って三日で辞めたことがあったが、まさにこんな気持ちだった。毒虫にでもなりたかった。そうしたら働かなくて済むのだから。

B そうですねえ。毒虫にはなりたくないですけれど（笑）、やっぱり働くことはきついですね。私、ただの下っ端のOLなんですけど、小学生のころより、あれほど「自分の頭で徹底的に考えろ」と言われてきたのに、どの職場でも考えてはならないことを厭《いや》というほどたたき込まれることに気づきました。「とにかく売らねばならない、とにかく業績を上げねばならない」というはっきりした色分けのもとに、すべてを踏みつけていくんですね。

A　というより、職場はもっと巧妙な仕方でぼくたちを洗脳する。単なる会社の利益のためではなく、みんなに喜んでもらうため、人々の幸福のために、この企画を成立させたいと教える。その場合、「そんなことは虚《むな》しいことです」と言ってはならない。一流会社であればあるほど、一定の社会的役割を果たしていると思い込みたい。そのために、個人の幸福、日本の繁栄、自然と人類の共存など、もっともらしいスローガンを掲げて張り切っている。「明日にでも、私は死ぬかもしれないのに」とか「どうせみんな消滅してしまうのに」とかの真実は巧妙に隠蔽《いんぺい》されて……。

C　そうそう、ぼくもそう言いたかったのです。ある会社に正社員として入ると、会社から「生活の安定」という保証を受けとる代わりに、会社はぼくの日常生活の隅々にまで介入してくる。人々は、ぼくをある会社の社員として見る。知らないうちに、ぼくはそれに自分を合わせてしまう。そのうち、会社なしに生きることはできなくなってしまう。会社から投げ出されたら、何もない人間になってしまう。それが恐ろしい。だから、ぼくは絶対に正社員にならないんです。

きみたちを含めて、少なくとも私のまわりの青年たちの「働きたくない！」という叫び声の背後から、「会社（などの組織）に自分を完全に明け渡したくない！」というもう一つの叫び声が聞こえてくる。バイトなら耐えられる。安定した契約社員（非常勤社員）ならもっといい。だが、正社員として雇用されたくないのである。かつて、私が『働くことがイヤな人のための本』（日本経済新聞社）を書き、それが新潮文庫になったときに「解説」を頼んだ斎藤美奈子さんが、『賃金労働者として働くことがイヤな人のための本』に改題したほうがいい、と皮肉を込めて書いていたが、「賃金労働者」の代わりに「正社員」を入れて、『正社員として働くことがイヤな人のための本』に改題したほうがいいのかもしれない。

C　なぜ、会社って仕事をするだけではなくて、宗教団体のように結束を固めたがるんでしょうね。社歌を毎日歌わねばならなかったり、社訓を朗読する会社もあるっていうじゃないですか？　そういう会社の社長って、いったい何を考えているんでしょうね。

いや、それが組織で働くためにプラスになると考えているんだよ。高校のころに、校歌ってあったろう？　国家だって、国歌や国旗があるし、どんな組織でもそこに引きとどめておく吸引力としての「凝集性（cohesiveness）」を有していて、その組織特有の「風土（climate）」を具《そな》えている。ある組織、例えば弁護士会に属していることをきみが誇りに思うのなら、弁護士バッジにもきみは誇りを覚えるだろう。だが、その組織をはなはだしく嫌っているのなら、その組織を表わすすべてのものは囚人服のようにマイナスの象徴となる。だから、何も社歌や社訓そのものが、それ自体として汚らわしいものではないよ。

C　いえ、かたちだけのバッジならいいのです。社訓や社歌って「勇ましく生きよ」というのが多いじゃないですか。高校の校長もそうだったけれど、「長」と名のつく人はなんでこうも人生訓を垂れるのが好きなんでしょうねえ。テレビで大学の入学式や大企業の入社式を観ても、えんえんと「各人が切磋琢磨《せっさたくま》し、責任を担い、誰もが希望のもてる社会の実現に向けて！」という掛け声だらけですもんね。そのうえ、会社によっては、新入社員研修で座禅を強制したり、神社に参拝したり、サービス業では、あいさつの仕方から声の出し方の訓練までするところもあるんですからね、もううんざりですよ。

たしかに、欧米ではまず考えられない集団主義だね。私も個人的には大嫌いだが、さしあたり全体を変えることができないのなら、そういう会社ばかりではないから、個人主義的な美学が比較的通ずる会社（例えば外資系）を選べばいいのだし……。

C　ぼくは、会社に入ってもそこそこ仕事はこなせると思うんです。でも、仕事以外の人間関係でつまずいてしまう。昼休みもひとりぽつんとどこか遠くの公園で食べてはならず、「みんな」と楽しそうに食堂で談話しなければならない。そんなときは、どの女性社員がかわいいとか、プロ野球の行く末がどうだとか……思いっきり普通の話をしなければならない。そういう話題に入っていけない、というより嫌悪を覚えるぼくは、どんなにがんばっても、いずれ煙たがられ排斥されると思うんです。

そうだね、たしかに制度としての上からの集団的強制がないところでも、ほかの社員から完全に孤立してできる仕事はないだろうねえ。とはいえ、さっきBさんにも言ったが、そんなC君でも、まじめに仕事をして誠意をもってまわりの人にあたっていれば、かならずわかってくれる上司や同僚にめぐり合うと思う。積極的にわかってくれなくとも、あるいはきみを敬遠していても、きみのことを「ああ、そういう男なのか」と、カミュの言葉を使えば「無関心に優しく」見てくれる人も出てくると思うんだがね。

ところで、現代日本でフリーターとかニートが激増していることは、きみたちと同様な若者が少なくないことを示している。心強いじゃないか。その中には、かならず一定の割合できみたちのように働くことそのものにではなく、組織のあり方に対する嫌悪や恐れを抱いている者がいる、というのが私の実感だ。「どうにかしなければ」と、政治家や官僚や社会学者たちがおたおたしているが、もっと徹底して個人主義の空気を取り込めば、かなりの若者が就職すると思うけれどね。まあ、現代日本一般を心配することは私の役割ではないから、ほかの人にまかせよう。

私自身のことを話せば、私は三十代はじめ予備校教師を二年半ほど勤めたが、どうしても常勤にはなりたくなかった。いくつかの予備校の非常勤講師として、どの組織からも離れたところにいたかったから。一つの組織に完全に取り込まれたくなかったから。授業以外の拘束はなく、いつでも辞めることができ、その代わりにいつでも辞めさせられる危険があり、責任がないかわりに、不安定きわまりなかった。当時の私は、親の家に寄生しているいわゆるパラサイトシングルで、「経済的に独立しなければならない」という決意などまるでなかったから、こんなことができたんだろうがね。

A　ぼくも、そのころの先生とだいたい同じ気持ちです。でも、単なるフリーターではつまらない。失礼ながら、予備校教師でもつまらない。個人の自由が保証されていて、高収入で、しかも世間的評価が高い職業につくことができたらと思っています。そうすると、ぼくにはとくに芸術的才能はないから、大学教授や弁護士や公認会計士という職業くらいしかないでしょう？　はっきり言います。ぼくは、多少俗物でもいい、哲学的な問いが通じなくてもいい、知的に優秀な集団の中にいたいのです。

そうなんだろうねえ。いや、目標がはっきりしていていいと思うよ。ところで、D君はずっと黙っているが、これまでの私の話が全部わかったうえで、やはり働きたくないんだろう？

D　ええ。もう頭のしびれるほど考えてきました。「どうせ死んでしまうのだから何をしても虚しい」ということを棚に上げて、とにかく外へ出てみたらどうだろうか？　出てみたら、布団の中でうだうだ考えていることとは別の何かが見えてくるかもしれない。そう何度も考えました。でも、すぐさま「そのあとは？」って考えてしまうのです。ぼくは結婚もできないし、したくない。まして、ぼくの遺伝子を受け取った子供なんか考えただけでも恐ろしい。とすると、ぼくはこれからずっと、ひっそりひとりで生きていくしかないんです。このまま年取って、そしてひとりで死んでいくしかないんです。

たしかに、その恐れもわかるけれど、数は少ないが、かならずしも営利を第一に求めるのではなく、しかも人生の虚《むな》しさを覆い隠すことの少ない職場もあるように思う。看護師や介護士やカウンセラーになってもいいし、区役所の福祉課あるいは老人ホームやホスピス、宗教系・哲学系の出版社などに就職してもいい。真剣に探せば、かならずあると思うよ。

D　ですが、さっきAさんが言っていたように、そういう職場だって、「何をしても虚しい」という問いを受けつけてはくれない。むしろ、「みんながより幸福になる」という大前提のもとにある。哲学は、ぼくの考えでは、この大前提でさえ切り崩して問うことですから、やはりこういう職場でさえ、本物の哲学的問いは毛嫌いされるのではないでしょうか?

それにしても、普通の生活では隠蔽されている「人生の虚しさ」を否応《いやおう》なく見せつけられるところでもあるから、ある人にとっては、居心地がいいかもしれない。私のよく知っている青年は、どこに勤めてもうまくいかなかった。私の紹介した出版社など三日で辞めてしまったが、その後郷里に帰り病院の臨時雇いという職を自分で見つけて、採用された。その後一年以上経つが、自分でもやりがいを感じ、病院のスタッフからも信頼されて、これまでの世間に対する恐れからは信じられないほどうまく働いているよ。ひとによって感受性は異なるから、普遍化はできないが。

ところで、誰かエリック・ホファーって聞いたことあるかな?

A　たしか、港湾労働者でかつ作家でもあったアメリカ人じゃないですか?

そうそう。私が大学に入ったころ、政治学の推薦参考書として、彼の『変化という試練』(邦訳、大和書房)が入っていたので読んだのだが、まるで印象になかった。だが、最近彼の自伝『構想された真実』(邦訳、作品社)が刊行されたので読んでみると、なかなかおもしろい。

まず驚くべきは、その過酷なほどの少年期と青年期だ。ニューヨークに生まれ、七歳のときに失明し、同時に母も亡くし、十五歳のとき突然視力が回復したが、十八歳で父も死に天涯孤独となった。カリフォルニアに渡って、さまざまな労働に明け暮れながらも、図書館通いをし、それを十年間続けて二十八歳のとき自殺を図った。命をとりとめてから、彼は季節労働者、さらには港湾労働者として働きつづけた。そうしながら、四十六歳から書きはじめ、四十九歳でそれが刊行されたときは、大反響であった。その後、彼は港湾労働者を続けながら、八十歳まで書きつづけ、二十年ほど前に死んだ。彼の言葉はそれだけでも力強い生き生きとしたものだが、それを彼の生活と重ね合わせるとき、さらに私たちを感動させるんだね。自殺直前の回想を、ちょっと読んでみようか。

歩き、食べ、読み、勉強し、ノートをとるという毎日が、何週間も続いた。残りの人生をずっとこうして過ごすこともできたであろう。しかし、金が尽きたらまた仕事に戻らなければならないし、それが死ぬまで毎日続くかと思うと、私を幻滅させた。今年の終わりに死のうが、十年後に死のうが、いったい何が違うというのか。仕事に戻らなければどうなるのだろうか――乞食《こじき》になるか、それとも泥棒になるか。ほかに選択肢はないのか。いまになってみれば、そのときすでに、自殺という考えが心の奥底に巣食っていたのがわかる。決心するにはまだ充分時間があった。（中本義彦訳）

D君、押しつけるわけじゃないけれど、彼は一つの生き方のモデルを示していると思うよ。かつて「無用塾」にも、彼のような青年は少なからずいた。警備員やNHKの集金人や新聞配達をしながら、ものごとを深く考えており、塾でカントやハイデガーを読むと、驚くほど正確に理解するんだ。エリック・ホファーは、五十歳近くになって作家として世に出ることができたけれど、それはやはり偶然と言っていいだろう。さっき言ったように、そういう才能ある青年たちでも、その才能を職業に結びつけるのは並大抵のことではない。だが、いまはそのことを繰り返したいわけではない。

「無用塾」を通じて、そういう青年たちに出会ってから、私にとって世界の光景は一変したよ。日雇い労働者の中にも、タクシーの運転手の中にも、エリック・ホファーはいるのだ。それが実感として伝わってくるんだよ。だが、彼らのほとんどは、いかなる著作も刊行することなく、彼らが考えていることをいかなる形にせよ公表することなく、そのまま死んでいくことであろう。このことは、とても潔くて、なぜかとても感動的なことだね。

D　それもよくわかります。でも、もういいんです。たぶんその人は、港湾労働者として働けるんですから、他人がそれほど恐ろしくないんだと思います。それに、死に対する恐怖も希薄なような感じがします。さっき先生が読んでくれた部分は共感するところもあるんですが……。

たしかに、彼は人間的魅力もあった、多くの仲間たちから好かれたようだ。数人の女性からも愛されたようだね。私の強烈な印象では、彼はものごとを常に積極的に見ることができるとても「健康な」男だということだ。その点の違和感はわかるよ。

D君。私は、きみに港湾労働者をせよと言っているわけではない。「無用塾」に来ていた青年たちが警備員や新聞配達をしていたのは、仕事中ひとりでいられるからだ。そのほかにも、ひとりで働ける職業は、探してみればいくらでもあるよ。いわゆるフリーという奴で、私はこれまでフリーのカメラマンやフリーのライターにはずいぶん会ってきた。あるいは、フリーの翻訳家、フリーの校正者も知っている。

D　ぼくは、そういう職業でもやっぱり駄目でしょうね。もう気力がないのです。わかるでしょう？　死刑囚に向かって、さしあたり何でもいいから金になる技術を磨けって言ったって、そんな気力は湧いてこない。明日にでも処刑されるかもしれないのに、カメラマンになってもライターになっても、しかたない。

まったく、私じゃなかったら、みなD君にはもういい加減匙《さじ》を投げてしまうだろうねえ。あれも厭《いや》、これも厭と言って、結局月の国に帰ってしまうかぐや姫なんだよね、きみは。聞くところによると、親が資産家ということだから、その資産を食いつぶし利用しつくして、できるだけひきこもりを続けるしかないのかなって予感だね。そうしながら、ずっとひとりで生きてひとりで死ぬ。まあ、それも一つの生き方だけれど……。

D　そうなんです。ぼくに残された道は結局一つしかなくて、このままひとりでずっとやれるところまでやってみて、どうしても駄目だったら死ぬという道です。

まあ、それもしかたないかな。人生、とにかく生きてみなければわからない、そして生きていくうちに「変わりうる」というのが私の持論だから。いま、まわりでやいやい言っても無駄かもしれないね。できれば自殺しないでほしいが、きみは死ぬのが怖いんだから大丈夫のようだね。

D…………。

ひとから評価されたい

私のまわりに集まる若者たちは、以上のように、世間に従いたくもなく、働きたくもないにもかかわらず、ひとから、すなわち世間から評価されたいという物狂おしいほどの欲望を抱いている。きみたちも、たぶんそうなんだろう？　自己愛者なら当然のことだが……。

C　そう断定されると抵抗もあるんですが、この機会にすなおに告白してしまうと、ぼくは、特別に成功したいわけでもなく、有名になりたいわけでもありません。自分の趣味にかなった仕事、あるいは生きがいのある仕事を求めているのでもない。ただ、**何か絶対的に自分が優れているという「お墨付き」、つまり社会が認めてくれる資格が欲しいんです。**自分で「おれは偉いのだ、おれはセンスがあるのだ、おれは頭がいいのだ」と言いつづけるだけでは、崩れてしまう。正直言って、Aさんのように、東大生という誰もが認める価値を体現している人を見ると、ジェラシーを感じますね。もしぼくがそうだったら、電車に乗っていても街を歩いていても、自己満足していると思いますね。どんな馬鹿なことを言っても、酒を呑《の》んでへべれけになっても、自分の優位は揺らぎませんから、ゆったりとしていられますね。ぼくは、そういう誰も奪うことができず、いや傷つけることさえできない「宝」が欲しいのです。

なるほどね。C君、ドストエフスキーの『未成年』に、まさにきみの気持ちにぴったりの箇所があるんだよ。おもしろいからちょっと読んでみようか。

もし私がロスチャイルドだったら、私は古洋服を着て、洋傘をもって歩くことだろう。往来で人に突きあたられても、辻《つじ》馬車にはねられないために、ぬかるみの中をあちこちするようなことになっても、そんなことが私にどうだというのだ。これが私なのだ、ロスチャイルドそのものだという意識が、そのような瞬間でも私を楽しくさせるに違いない。おそらく私は誰も見たことがないような豪華な午餐《ごさん》が世界一のコックによって用意されるに違いないが、私はそれを知ってるだけで十分なのだ。私はパンのかけらとハム一切れですまし、そういう私の意識で満腹することだろう。

（工藤精一郎訳）

こうした考えは、この「愚かしい童貞を守っているくせに、考えもおよばない世界を考察し、決定しようと頭を痛めている滑稽《こっけい》きわまる未成年」であるアルカージー・マカーロヴィチ・ドルゴルーキーだけではなく、現代日本の若者にとっても、そんなに珍しいわけではないと思う。

C　たしかに、彼にはシンパシーを感じますが、でもぼくはその未成年と違って、ロスチャイルドのような大金持ちになりたいわけじゃない。そんなこと、精神を麻痺《まひ》させて馬車馬のように働きつづけ、四六時中、金が儲《もう》かる方法や他人から金を巻き上げる方法ばかり考えていれば、ある程度達成できるかもしれませんからね。ぼくが欲しいのは知的優位あるいは芸術的才能を証明してくれるような一片の紙切れなんです。でも、それこそ手に入れるのがいちばん難しいものなんですね。

C君がいま言ってくれたように、私のまわりに集まる若者たちは、人生の目標として、権力を握ることや金持ちになることを挙げることはまずない。といって、優しい妻（夫）とかわいい子供に囲まれたつつましくも幸せな生活を望むわけでもない。むしろ、なぜかそれを必死の思いで拒否している。

彼らの望んでいるものは、何よりも他人の評価なのだが、特徴的なことにその評価とは、有名大学の大学院に受かるとか、司法試験に受かるとか、芥川賞の候補になるとか、世間が有無を言わさず承認してくれるような「お墨付き」なのだ。それがいかにも虚《むな》しいという思いはたえず頭の片隅をかすめているが、けっしてこうした価値観を変えることがない。「なんだ、そんなもの！」と蹴飛ばすことができない。世間に従うのを全身で拒否しておきながら、世間的価値観にがんじがらめになっている。

しかも、その価値はまずまずのものであってはならない。彼らは不可能性を可能性に変え、さらにそれを現実性に転換するという努力をしない。いわば、彼らは不可能性を生き抜こうとするのだ。ハードルを自分が努力すればどうにか飛び越えられる高さよりはるかに高いところに置いて、それをめざすふりをしながら、これなら到達できなくてもあきらめがつく、という言い訳をすでに自分に対して用意している。このすべてが自己防衛なのだが、それを知りつつそこにどうしようもなく巻き込まれていく。まさにこういう青年は、みずから不幸を選びとっているんだね。

C　ぼくがその典型だということは自覚していますよ。それが、すごく虚しいってこともわかっている。そのうち、四十歳にでもなれば自然にあきらめざるをえないんでしょうが。

いや、私はC君にもっと足が地についた現実的なことを目標にしろ、と言いたいわけではない。**自分の体内にしっかり根を下ろしたその欲望の正体をとことん追究してみればいいと思うよ。**以前「無用塾」に来ていたある高専卒の青年は、「東大に受かりさえすれば、入学式の翌日に退学しても、その後どんな人生が待ちうけていようと、プライドをもって生きていけるのだがなあ」と呟《つぶや》いていた。彼の「名前そのもの」に対する欲望は徹底したもので、ひとつの美学とすら言えるね。司法試験に受かっても弁護士にはならずに趣味でホームレスになっている男は、最も贅沢《ぜいたく》な人生の選択をしているのかもしれない。段ボールの中にいながら、哀れむように自分を眺める道行く人たちに「馬鹿め！」と内心唾《つば》を吐きかけることもでき、前後左右の仲間たちを横目で見ながら「うまくだましたな」とにんまりすることもできる。相当な悪趣味だが、究極的な贅沢かも知れないねえ。サルトルが『聖ジュネ』の中で言っているが、みんながほしがっている宝を捨てることは王者の行為なんだ。

C　でも、「王者の行為」に憧《あこが》れても、じつのところ自分には捨てることのできる宝なんか何もない。そのうち、だんだん自分に対してごまかしがきかなくなってくるだろうってこともわかります。でも、こうした美学を捨てたあとにぼくを襲ってくるのは、手堅い世間の小市民的道徳だけだと思うと、ぞっとしてまた夢物語に舞い戻ってしまうんです。

きみは自分を分析する能力があるから、さっき言ったように、まあ、もう少し自分の欲望の正体を突きとめてみるんだね。

A　その美学はぼくにもわかります。でも、「東大出」という肩書きだけあって、実力のない奴や、うだつの上がらない奴が、この国でどんなに生きにくいかもわかってもらいたいんです。彼らは、東大出に対して日ごろ激しい恨みや妬《ねた》みを抱いているおびただしい人々から、「それ見たことか」「あれで東大出かよ」「受験秀才はやっぱり役に立たないなあ」と折に触れて嘲笑《ちょうしょう》の的にされる。しかも、社会的に成功した東大出の仲間からは軽蔑《けいべつ》と同情の入り混じったうさんくさい眼で見られる。行き場はない。「東大出」という肩書きだけで美しく生きていけるほど世間は甘くないんです。

ああ、そういう現象も私は厭《いや》というほど見てきたから、よくわかるよ。

D　少し話を変えていいでしょうか？　前に何度かバイトしたことあるんですが、ぼくはたとえバイトであろうと、無能と思われたくないので一生懸命に働きます。すると、認められますから、もっと認められようとして、もっと一生懸命になる。すると、もっと認められる。こうしたスパイラルを描いて高みに達し、苦しくなり息切れがして、突如辞表を提出する、という具合です。人間関係も同じ。はじめのうちは警戒しているのですが、だんだんいい子ぶってくる。みんなから好かれようとして、できるだけみんなに合わせてしまう。そのうち、カラオケも、酒を呑《の》んだときの猥談《わいだん》も耐えがたくなって、とはいえ、もはや断り切れなくなって、ある日ぷつんと糸を切るように辞めてしまうのです。

D君、とてもよくわかるよ。きみは、すべてをもっと気楽に考えればいいとわかっていても、他人が自分にそんなに期待しているんじゃないとわかっていても、どうしても変えられない。とくに他人の評価がほしいわけではない。ただ、気がついてみると、自分のからだが他人の期待にそうように動いてしまっているのだ。自分はAをしたいが、他人にBをするように要求され、Aを泣く泣くあきらめてBを選ぶというのではない。誰もそんな要求をきみにしているわけではないのだ。だが、「他人が期待している」という思い込みの罠《わな》から、きみは逃れることができない。そして、もがけばもがくほどその罠の中にはまっていき、身動きできなくなるのだ。

D　ええ、そういう感じです。

B　私も――Dさんほど純粋じゃないけれど――そういうところがあるから、よくわかります。言ってみれば、私は他人から評価されたいのですが、期待されたくない、しばられたくないのです。評価する人って私をしばりますよねえ。「あなたはできる」と言って、私に期待をかけますよねえ。それが、私はすごくうっとうしいのです。評価した瞬間にほっといて欲しいのです。

A　そうそう、そのとおり。ぼくの場合、たぶんもっと傲慢《ごうまん》で、はっきり言っていままでずいぶん他人から評価されてきたのですが、ぼくを評価する人って、一種の交換条件として自分もぼくに評価されたがりますよね。それが、ぼくは厭なのです。ぼくの論文を褒めてくれたからって、その人の論文をぼくが褒めるとは決まっていない。自分が評価していない人に評価されるのは、くたびれるだけで、何のメリットもない。ごめんだってことです。

たぶん、A君のいまの言い方は、あまり正確じゃないな。A君が学会でも、研究所でもいい、あるグループの中で評価される場合、そのすべてのメンバーをきみもまた評価するわけではない。というより、きみはそのほとんどのメンバーを評価しないことのほうが多い。どんなグループ内でも、自然に評価のランキングはついてくる。つまり、きみがいかなるグループに属するにせよ、そのグループ内で成功をめざすなら、きみが評価しない多くの人に評価されることを避けては通れない。その場合、グループ内のほとんどの人がきみからの評価を期待しなくなるほどきみの優位は確立しているわけで、きみの自己愛はどこまでも羽ばたくというわけだ。

A　先生、たしかにその点は、まったくそのとおりです。ぼくが評価されるためには、大多数の人がぼくより劣っていることが必要なんです。ぼくが一番であるためには、二番以下の人々が必要だというわけです。つまり、はっきり言っちゃうと、ぼくはあるグループの中でぼくより劣っている人々を軽蔑する「資格」を、当の人々から承認されたいんだと思います。

いやらしいほど正確に、A君は自分の欲望を語っているね。まさに世間では通じないことなんだが、自己愛が強くかつある程度能力に恵まれた青年は、多かれ少なかれそういった反社会的な考えをもっていると思うよ。

A　じゃあ、先生はどうだったんですか？

私の場合、もう少しひねていた。私はやはりどのグループに属していても、その中で一番になりたかった。特別に評価されたかった。だが、それがたまたまかなえられると、はげしい自責の念に襲われるのだった。自分のさもしさに胸苦しくなるほどなんだよ。だが、また気がつくと、せっせと成功への布石を置いている。万一失敗したら、つまり二番以下だったら、もう生きてはいけないほどのショックを受ける。こうして、私は成功しても失敗しても苦しかったよ。

どうにかしてこの苦しみから逃れたいと思った。そして、たどり着いたのが、ひとの評価が一直線に決まらない「文章を書く」という仕事だ。かつて三島由紀夫が嘆いていたが、この分野は百メートル走のようにはっきりと評価が決まらない。ある程度のレベルを超えると、評価が自然に分かれてきて、たとえある作家がノーベル文学賞を取ったって、少なからぬ人々にとって彼の作品は一読の価値もない、ということもある。私にとっては比較的「生きやすい」世界だね。

A　そのお話に関連して、最近わかってきたんですが、そしてぼくにはできないこともわかっているんですが、いまぼくが言ったような願望を、ただの誇大妄想として留《とど》めずに、純粋なかたちでこの現実世界で実現するには、たった一つの道しかないんですね。それは、何かを表現して社会的に評価され、「評価」というたった一点だけで社会とつながっている道です。天才的ピアニストなら、ピアノを弾くという一点で社会とつながっていればいい。彼（女）の演奏がCDやコンサートなどの商品として、社会に受け入れられればいい。そうすれば、そのピアニストがどんなに偏屈で、どんなに人間嫌いでも、世間はそっとしておいてくれます。いや、その人間嫌いぶりを賞賛さえしてくれる。

まさに図星だよ。多くの青年が（一流の）芸術家の生き方に憧《あこが》れるが、それは彼らが自分の好きなことをして生活できるからだけではなく、まさにそのことによって、世間から自由になれるからなんだ。しかも、さっききみがうまく言い当てたように、自分が世間を軽蔑《けいべつ》していることを含めて、そういう自分を世間が承認し、賞賛さえしてくれるからだ。だからこそ、世間とかろうじてつながっている一本の細い糸に「力」がなくなったとき——それは、恐ろしいことに単に飽きられただけかもしれず、流行が変わっただけなのかもしれない——、彼（女）は自分がすべてを失うことを知っている。そのとき、世間から自分を保護してくれていた壮麗な建造物は根底から崩壊し、荒野に放り出されるわけだからねえ。

A　もう少し見はてぬ夢を羽ばたかせると、ぼくは世間からいつも絶賛されていなくてもいい。むしろ、ピアニストのグレン・グールドのように、ほとんど世間を拒否しながら、それでも世間から根底において承認されてしまっている芸術家がいちばんうらやましい。閉じこもれば閉じこもるほど、ますます世間の関心を引く、そういう魔力をもっているってすばらしいと思います。

B　ずっと、Aさんのお話を聞いていて、正直言ってその強烈な自己愛に食傷気味なのですが、考えてみると、私も絶世の美人に対しては同じような感情をもっています。「世界的ピアニスト」を「絶世の美人」に置きかえればいいのです。彼女はどんなしぐさをしても美しい。嘆き悲しんでいても、希望に胸弾ませていても、涙に咽《むせ》んでいても美しい。どんな服装をしても美しい。喪服を着ても、地味な制服を着ても、泥だらけのもんぺを穿《は》いて田植えをしていても、きれいなんです。もちろん、モデルか女優にでもならなければ、それだけでは生きていけませんが、普通に生きていても、それだけで恐ろしいほど恵まれているのです。

国際コンクールに入賞したピアニストや芥川賞作家もいい気分でいられるでしょうが、私の感じでは、容貌《ようぼう》の勝者はこの世でいちばん報われる。なぜなら、誰でも肉体の美醜には敏感で、話しかけたい、友達になりたい、恋人にしたい、結婚したい……と思う。たとえ思わなくても、美人をそう「もてなす」ことが、ほとんど道徳的と言えるほどの社会ゲームになっています。絶世の美人を前にして、彼女を全然褒めないことは、失礼に当たり不自然でさえあるということです。彼女は、こうして生涯にわたってどこに行っても、新しい人に会うたびに、噂になり、ちやほやされ、賞賛されつづけ、いい思いをするのです。

Bさん、これも慰めのように聞こえたら不本意なんだが、人間関係とは、そうした表面的な社交辞令がまかり通る関係だけじゃないよ。さっきA君に言ったことにも関係するが、あなたを評価するグループが大きくなればなるほど、そこに属する人々の「質」は悪くなる。あなたに、不特定多数の表面的な賞賛を望むなとは言わないが、そういう表面的な賞賛を求める人には、次のような虚《むな》しさも自覚してもらいたい。絶世の美人や有名なスポーツ選手や作家のまわりには、たしかにいつも大勢の人が群がっているであろう。そして、それは一般的に言って、心地よいであろう。だが、あなたが外見や名前ゆえに賞賛されるということは、あなたのことを真に理解していない、いや真に理解したくない、つまり表面的なところに留めて理解したい圧倒的多数の人々に賞賛されることにほかならない。これは、虚しいことではないだろうか？

B　先生は、自分がそういう立場にいるからそんなこと言えるんです。私だって、もし自分が絶世の美人だったら、「美人なんてつまらないわよ。みんな、私の外見だけに惹《ひ》かれてやってくるんだから」と言ってみたい。その「虚しさ」は傲慢《ごうまん》な虚しさであって、それを有していないほとんどの人には、まったく説得力がありません。

あなたは誤解しているようだね。私はそんな立場にはいないよ。私の本はごくわずかの人に読まれているだけなのだから。私は自分の本が百万部売れたら、ずいぶんおかしなことだと思う。ベストセラーなら何でも買う、いやベストセラーしか買わないような膨大な人に支えられて名声や富なるものが転がり込むことは、望まないねえ。

A　でも、水掛論みたいになっちゃうんですが、やっぱりそう言えるのは、先生がある程度の読者をもっているからでしょう？　やはりその意味で、先生だってある程度の「数」に支えられているんでしょう？

そういうことになるかな。だが、こうした「数」だって、いつ雲散霧消してしまうかわからない。私が言いたいことは、他人から評価されたいという思いはいわば自然だが、それが「数」を求め出すと何かが根本的にずれてくるということだ。『精神現象学』でヘーゲルの論じた有名な「主人と奴隷」のように、多数の他人を支配しているつもりでいて、いつのまにか反転して数としての他人に支配されてしまう。

チェーホフの『かもめ』の中で、女優志願のニーナが成功した作家トリゴーニンに向かって次のように聞くシーンがある。

有名って、どんな気持ちがしますの？　有名でいらっしゃることを、あなたはどうお感じになっていますの？

(湯浅芳子訳)

そこで、あらためて聞きたいんだが、きみたちそんなに有名になりたいのかね？

C　ええ、できれば。なってから「虚しさ」がわかるかもしれませんが、いまはひとまずどんな気持ちか味わってみたいですね。

B　私も。

A　さっき先生はサルトルの言葉を引いて、宝を捨てることは王者の行為だと言いましたが、ある程度のものを獲得したあとで「すべては虚しい」と語ることは、王者の行為の最たるものですよ。

ああ、そういうずるさをニーチェは、「この世は虚しい」と説きながら自分たちは安全地帯で快適な暮らしをしている僧侶の言葉のうちに嗅《か》ぎ分けて、彼らに殴りかかっていったわけだ。きみたち、誤解しているらしいから付言しておくと、私が言いたいのは、名声なんか虚しいから追い求めることはやめておけ、ということではない。名声が欲しければ追い求めればいい。そして、獲得すればいい。ただ、そこにばら色の境地が待っているのでないことも知っておいて損はないと思うよ。まあ、あくまでも私の個人的な感想だけれどね。

D　ぼくはわかりますよ。どんなに有名になっても、どうせ死んでしまうんですから。すぐに、みんな忘れてしまうんですから。たとえ作品が千年残ったとしても、いずれ人類も完全に地上から消えてしまうんですから。

まあ、そういうことだ。その話は最後にとっておいて、その前にもう一つきみたちの関心のあるテーマを取りあげてみようか。

ひとから愛されたい

かつて「無用塾」にやってきた青年たちにはある決まったタイプがあって、何度も言っているように、異様に自己愛が強い人々なのだが、それと関係して、これまでの人生において異性からもてた人が多いことだ。まあ、きみたちもそうだが、容貌も感じがよく、誠実そうで、魅力的だから、あたりまえだがね。

私はいままで恋愛相談を受けたことはほとんどないけれど、ちらっと耳にしたかぎりでは、相手を「愛する」タイプではなく、相手から「愛される」タイプが多いね。自分は相手を愛していないけれど相手から愛された、どうしよう、というケースが多いね。これはBさんも含めての話だが、自分の肉体的魅力に（じつは）相当の自信をもっている。そして、自己愛が強いからこそ、他人を自然に愛することができない人が多い。

A　そうですね。ぼくも、やはり他人を愛することは苦手ですね。恋愛経験はありますが、ぼくのほうが相手をより愛しているということはないですね。いつも、相手のほうがぼくに夢中で、ぼくはそれほどでもない。だから、苦しむのはいつも相手です。ぼくは、じつは恋人が欲しいかどうかさえわからない。ただ、恋人がいないのは惨めだから、まわりの奴に軽蔑《けいべつ》されるから、欲しいだけなのかもしれません。振り返ってみると、ぼくは自分が欠陥人間でないことを示すために、必要以上に恋人の存在を吹聴しているところがある。そして、恋人のいない奴をはっきり軽蔑していますね。

世間では、そういう物言いがひどく嫌われることは知っているだろう？　そんなの「ほんとうの愛」じゃない、「ほんとうの愛」を知らないA君はかわいそうだって言いたげな善人の顔が眼に浮かぶよ。だが、私はA君を頭から非難しようとは思わない。それも立派な愛の一形態だと思うよ。だが、一つだけ教訓臭いことを言っておくと、いまの発言がA君を死ぬまで拘束するわけではない。A君がそう発言するのは、自分がぼろぼろになるまでひとを愛したことがないからであって（私は断じてこのことを非難するのではない）、これからどのような人との出会いがきみを待っているかわからないから、場合によったら「変わりうる」と思うよ。

A　ええ、そうかもしれませんね。でも、ぼくはいまの心境しか語れないので続けますと、ぼくは恋人を選ぶときも、自分が好きならそれでいいとはならないんです。連れて歩いてみんなが羨《うらや》む人、紹介してみんなが褒めてくれる人じゃなきゃ駄目なんです。たぶん、結婚相手もそういう基準で選ぶと思いますよ。

世間では、そういう発言を厭《いや》がるけれど、私は別に悪くないと思うよ。A君はなかなかハンサムだし、頭もいいし、魅力的だから、きみにふさわしい多くの女性が現われると思うよ。「連れて歩いてみんなが羨む人」を恋人にしているのってなかなか爽快《そうかい》だし、「紹介してみんなが褒めてくれる人」が妻であることも、嬉《うれ》しいことだ。たしかに、この基準だけで恋人や妻を選ぶのはどうも淋《さび》しい気がするが、そして味気ないものだと思うが、A君はそうではなく、こうした要素を含めてはじめて恋人を選ぶのだろう？　正確に言えば、好きになるとき、すでにこうした要素を大幅に加味して選んでいるんだろう？　だからといって、相手に対する愛がただちに贋物《にせもの》だということにはならないよ。

人間の魅力には、人柄とか知性とか優しさとか肉体の美しさといったいわば自然的特性だけではなく、これらの特性に高学歴とか高収入とかステイタスの高い職業とか育ちのよさといった社会的特性が微妙に絡んでくる。そして、それらの渾然《こんぜん》一体となった分離しがたい融合こそが、特定の個人の魅力をかたちづくっているのだから、これらの社会的特性をことごとく消し去って、自然的特性だけを愛することが「ほんとうの愛」だという信仰は捨てたほうがいいね。

B　そんなこと強調されるまでもなく、みんなわかっていますよ。先生は「肉体の美しさ」を自然的特性のほうに入れましたけれど、ちょっと微妙です。それは、単なる自然的特性ではなく、といって社会的特性でもなく、特別な地位にあるように思います。肉体の美しさって、目鼻立ちとかプロポーションを中心にして、性的魅力やその人のかもし出す雰囲気、表情、ふるまい、あるいは着こなしまで含めて、その人の眼に見える魅力全体でしょう？　もちろん各人好みの違いはあるけれど、やはり恋愛はここから始まるんじゃありませんか？　しかも、肉体と心がはっきり分離しているわけではないんですから、私たちは普通、出会いのはじめに彼のシャイなしぐさとか、彼女の淋しそうな横顔とか、そういうものを好きになるんです。出会った瞬間に、彼が東大生だから好きになったり、彼女がお嬢さまだから好きになることなんかないですよ。

Bさん、こうしたことにかけてはずいぶん雄弁だね（笑）。なかなか鋭い意見で、まさにそのとおりだと思うよ。プラトンも、愛は相手の肉体から放出された「美」の微粒子が眼の中に流れ込むことによって生ずると考えた。でも、あなたがそれを認めるのなら、逆もまったく真ではないかね。つまり、外見にはそれほど魅力を感じなかったけれど、彼の「いちずな気持ち」が好きになったとか、彼女の「思いやりのある心」に惹《ひ》かれたということもありえないわけではない。彼（女）を尊敬するというのなら、相手の肉体にまったく魅力を感じないこともありえよう（それも稀《まれ》だと思うが）。だが、愛する（ここではエロスの意味に限定する）かぎり、同時にその人には彼（女）の肉体がとても「美しく」見えてしまうのではないかね。

B　ちょっと違うと思うんですね。やはり、恋愛に限定すれば、肉体が主で心は従ではないでしょうか。もちろん、美貌《びぼう》だけれどはじめから虫が好かない男や女はたくさんいますし、美女にかぎってよく「私、相手の顔なんかどうでもいいの」って言いますよね。たしかに、うっとりするくらいの美女がブオトコと結婚していますし、目も覚めるようなイケメンがブスを恋人にしていますよ。でも、やはりそれは、相手がブオトコだからブスだから惹かれたんではないでしょう？　彼の献身的な態度に感動して、やがてブオトコでも好きになったり、彼女の優しさに心揺り動かされて、やがてブスでもいとおしくなったりするんではないですか？　しかも、そのとき相手が魅力的に見えても、そのまま美しく見えるわけではない。もちろん「美しい」という言葉の使い方ですけれど。

あなたは微妙な違いを正確に語る力があって、なかなかの哲学者だねえ。ほとんど賛成していいほどだよ。たしかに、さっき私は「美しい」という言葉を使ったが、そして世の中ではこういう具合に曖昧《あいまい》に使うことが多いが、やはりここは厳密に区別したほうがよさそうだね。あなたがブオトコが大好きになって、同時に彼の肉体にいいしれぬ魅力を感じたとしても、彼をロイヤルバレエ団のダンサーたちのすぐ横に置いてみれば、彼らがあなたの恋人よりはるかに美しいと判断せざるをえない。たとえ、そんな美男は反吐《へど》が出るほど嫌いだとしても、彼らの美しさを認めざるをえない。美が「客観的」であるというのは、こういうことなんだよね。

B　ええ、まさにそう言いたかったのです。

だが、Bさん、いまあなたがむきになって語ったことをそのまま裏返してみると、相手をもっとよく知れば、美しい人でもあまり魅力的に思われなくなったり、それほど美しくない人でもとても魅力的に見えるということを認めていることになるよね。たしかに、それでも美の基準はある程度客観的なものだけれど、Bさん、（あえて英語を使うと）チャーミングとかアトラクティヴだと言われるほうが、単に美しいって言われるより嬉しくはないかね？

B　それも、場合しだいですね。チャーミングとかアトラクティヴという言葉は、肉体の外形では褒めようのない不美人に対しても使えますからね。さらに、「あなたには人間的魅力がある」と言われれば、間接的に「肉体的魅力がない」と言われているようなものですよ。

なるほど。だが、たとえそのすべてを認めても、愛されたいと願っている女や男が、肉体が美しくないゆえにその資格がないわけでないことも事実だ。つまり、それほど美しくない男女でも、現に誰かから真剣に愛されることがあるのも事実だ。このことは、Bさんでも認めざるをえないだろう？

B　まあ。でも、私、正直言って、なぜ多くの人が（男でも女でも）きれいでない人を愛せるのか不思議でたまりません。もっと言ってしまえば、醜い人がセックスする場面を想像しただけで、ぞっとするんです。

ああ、あなたにとってはそうなんだろうねえ。だが、あなたがどんなに嫌悪感を抱いても、事実美しくない人が愛されることは認めざるをえない。これが、愛の不思議なところであり、またほとんどの人にとって救われるところでもあるんだがね。Bさん、話がぐるぐる回りしてきたようだから、このあたりで話題を変えてもいいかな?

B　ええ。思いのたけ、ぶちまけましたから。

C君、何か言いたそうだね。

C　ぼくは、いまある女の人に養ってもらっています。いわゆる「ヒモ」ですね。ぼくは彼女を愛しているかどうかわからない。便利だから一緒にいるだけです。だから、ある程度の条件を充たしていれば、彼女でなくてもいいのかもしれない。彼女と一緒にいるのは、ひとりだと虚《むな》しくてたまらないからかもしれない。つまり、キザな言い方をすれば、ぼくは生きている虚しさを忘れたいために恋人を求めているのかもしれません。

それでいいのではないのかな。何も問題はない。ヒモも一つの才能だよ。誰でもがなれるわけではない。自分でも気づいていると思うけれど、C君は、自分が「ヒモである」ことがいかにも不名誉だという語り口をしながら、同時にかなりの程度誇りにしているね。きみが、社会的価値をいくぶん具《そな》えているんだとしたら、そうだなあ、例えば親から勘当されたどこかの御曹司《おんぞうし》であったり、東京芸大出の売れない絵描きというのなら、そういう青年を、母性愛と判官びいきと投資家をミックスした感情をもって「育てたい！　養いたい！」と願う女性は結構いると思うから、これはよくわかる。その場合、女性の側にまだ社会的価値への執着（功利的精神）が消滅していないから「純粋なヒモ」ではない。

だが、はっきり言って、きみは社会的に価値あるものを何ももっていない。きみに具わっている「よきもの」は、若さと感じのいい容貌くらいのものだ。だからこそ、きみは「純粋なヒモ」を誇ることができる。彼女は、きみに定職がなくても文句を言わないんだろう？　そのままでいいって言っているんだろう？

C　ええ、私が働くからいいって。

彼女は、きみと一緒にいるだけで、それ以上何も要求しないんだろう？

C　そうですが、でも、なんででしょうね？　世の中には甲斐性《かいしょう》があって、しかもぼくよりいい男がたくさんいるっていうのに。

多くの働くことが厭《いや》な男にとっては、天国のような生活だねえ。だが、あえてきついことを言うと、そういう状態もなかなか辛《つら》いんじゃないかな。彼女があるとき心変わりしてきみを「捨てたら」生きていけなくなるからねえ。それに、五十歳までヒモってわけにもいかないし、いけたら大したものだと思うけれど……。

C　ぼくはヒモは二回目なんです。前に一度捨てられました。そのころはまだ高校を出て間もなかったんですが、同じ高校を出て働いていた女性に養ってもらっていた。ぼくは、ただ家で本を読んでいた。でも、ある日「もう厭になりました」とだけ書いた置手紙とともに、彼女はそれっきり家に帰ってこなくなりました。そのときは、泣いて泣いて自殺しようかと思った。そんなとき、いまの彼女に「拾われた」からいいんですが、でなければ生きていなかったかもしれない。だから、いまでもまた捨てられるんじゃないかと思って、怖いんです。

まあ、いまの告白は、きみがどんなに辛くとも、大部分の人の同情を呼ばないなあ。それはわかっているだろう？

C　そんなことわかっていますよ。今度捨てられそうになったら、相手も殺して無理心中するだけですよ。

おやおや、これはたいへんだ。そのときになったらまた相談に乗ろう。D君、思いつめた顔しているけれど、何か言いたいのかな？

D　AさんやCさんの話を聞いていると、別世界からの報告のようです。ぼくはもはや恋人が欲しいと思うことさえない。もうそんな願望は完全に麻痺《まひ》してしまって、あきらめているんです。セックスも興味がないというより、怖い。どうせわかるだろうから言っちゃうと、ぼく童貞なんです。二十五歳で童貞であることはとても恥ずかしいことかもしれないけれど、もうそれもどうでもいい。

一生独身でも、一生童貞でも全然おかしいことはない。恥ずかしがることもない。本心から思うんだが、セックスはしたい人だけがすればいいのだ。セックスをしないからといって、死ぬこともない。人生にとって、その意味でセックスは必須《ひっす》不可欠のものではない。ただ、残酷なことに、私が鶏肉を食べられないように、ボールを思った方向に投げられないように、その一つ一つはけっして人生にとって不可欠のものではないのに、世間は厳しくコントロールして、それができない者を欠陥人間として扱うのだ。ところで、こんなこと聞いていいのかなあ。答えたくなければ答えなくていいんだけど、D君は性欲のはけ口はどうしているの？

D　性欲なんてずっと昔から全然ありませんよ。でも、何もしないと夢精して気持ち悪いから、ほんのときどきマスターベーションしますけどね。

C　ちょっと興味あるんで聞くんですが、そのとき何を考えるんですか？

D　何も考えない。ただ、機械的に射精にもっていくだけです。

C　それで、そのときまったく快感は覚えないんですか？

D　ほとんどないですね。排泄《はいせつ》したときのようなすきっとした気分程度ですよ。でも、みんなぼくを不思議そうに見るのがおかしいですね。そんなに変ですか？

D君のいまの問いはわかるなあ。世間では、二十五歳の若い男が「まったく性欲を感じない」と言うと、嘘に決まっているという怪訝《けげん》な顔で迫ってくる。でも、「無用塾」にもD君のような青年はちらほらいた。彼らの部屋を訪れてみると、どこまでも清潔で整頓《せいとん》されていて不潔なものや猥褻《わいせつ》なもののかけらもない。そして、彼らは「食べる」ことにも無関心なんだ。ほとんど食べないんだよ。ある青年は昼食をまったく食べないし、たまたま食べてもおにぎり一個だという。D君もそうだけれど、当然こういう青年たちはとても痩《や》せている。テネシー・ウィリアムズの『ガラスの動物園』の登場人物のようだ。あるいは、カフカの小説の主人公そのままなんだ。動物的な体臭はまったく感じられず、植物じゃないかと思うほどさらっとした感じで、「肉感」がまるでない。私はそういう青年を何人も知っているが、彼らを前にすると自分が獰猛《どうもう》な動物のようで恥ずかしくなるよ。

B　あのう、そういう人がいるってことはわかるんですが、Dさんに一つだけ聞いていいですか？　言いにくいことですけれど、Dさんっていままで誰からも好かれなかったんですか？　誰も好きにならなかったの？

D　ええ。小学生のときから誰にも好かれた記憶はないし、誰にも特別惹《ひ》かれないんです。ぼく、あんまり女性に興味がないから、一時はホモセクシャルじゃないかって思いましたが、そうではないんですね。女のからだと同じく男のからだにも全然性的な興味はないのですから。どう考えても性行為って、おぞましいし、醜悪だし、考えただけで吐き気がするほどです。なんで、みんなあんなことして平気なんだろうって、すごく不思議ですよ。性行為だけじゃなくて、キスはもちろん、人からからだを触られるのは——握手ですら——たまらなく厭ですね。なんだか、とってつけたような言い方なんですが、ほんとうの気持ちだから言いますと、ぼくは両親の性行為によって生まれたってことが気持ち悪くてたまらない。想像しただけで、鳥肌が立つくらい不快ですよ。

誰でもそれを考えると厭だが、みんななるべく考えないようにしているんだがね……。

D　それに、みんな平気な顔して男子トイレに入って並んで小便しているけれど、あれって小学生のころからとっても抵抗がありました。知っている人と一緒に風呂《ふろ》に入るのも厭ですね。男性器ってとってもグロテスクで見たくないですから。ぼくは自分がこんな猥褻な形をしたものをもっていることが、厭でたまらない。

スピノザは、自分に肉体があることを恥じたと言われているが、D君はまさに自分にペニスがあることを恥じているわけだよねえ。女性器は体内に隠れているから、日常的に自分が見なくてもすむが、男性器はほかの身体部分から突出していて厭でも眼に入る。D君はたぶん、同じように、自分に肛門《こうもん》や膀胱《ぼうこう》があることも恥じているんだろう?

D　ええ、動物的なものはいっさい厭なんです。中学生のころ、保健室に人体の解剖模型があったんですが、あまりの醜悪さにめまいがしました。自分のからだの中もあんなふうになっているのかと思うと、たまりません。いまでもあのどろっとした血がぼくの体内を巡っていて、胃にはまだ食べた物の残りかすがあり、大腸付近には大便がたまり、膀胱には小便がたまっていると思うと、気持ちが悪くなる。できれば、食べて口の中で咀嚼《そしやく》もしたくないんです。唾液にまみれた流動物を想像しただけで汚い感じがしますからねえ。

なんだか、中世の修道士から話を聞いているようで、無責任な言い方だけれど、なかなかおもしろいなあって思うよ。私にもそういうところがあるから、——もっとも、D君よりはるかに鈍感だけれど——、感覚的にはわかる。

C　ぼくも、同棲《どうせい》していながら、できればセックスはないほうがいいんです。とくに厭《いや》ではないんですが、どちらかというと面倒くさい。

カフカも『日記』の中で「セックスは同棲していることの罰である」と書いている。そんな感じだね。ふたりとも、他人とのセックスを中心とした肉体的触れ合いを望んでいないのに、「愛されたい」と思っている。ジッドの『狭き門』に登場しているアリサみたいだね。彼女は、ジェロニモの自分に対する愛が燃えさかってくるにつれて悩み出す。彼女自身ジェロニモをとても愛しているのに。純粋にスピリチュアルな愛なら受け入れられる。でも、肉欲の伴う愛は恐ろしいんだね。ジッド自身——少年愛という性癖のためだろうが——妻とはまったく性的関係はなかった。だが、その妻を心から愛していたそうだ。彼女が死ぬと、ジッドの嘆きようは一通りではなかった。まあ、普通に考えれば、ジッドの妻は幸せとは言えないだろうがね。アリサの場合、キリスト教に基づく肉欲に対する罪悪視が絡んでいるが、D君もそれとかなり近い感じを受けるんだが……。

D　ええ、自分でもそんな感じがします。

無理に分析しようとは思わないが、次のように言えるんじゃないかなあ。これはC君とD君のみならず四人にある程度共通のことだが、きみたちは自己愛が肥大しているから、自分の肉体に他人を惹きつける魅力がまったくないのは耐えがたい。といって、他人との親密な関係、とくにからだの関係はうっとうしい。そこで、きみたちの出した解答は、いつも自分を愛される可能性のある者として鍛えあげながら、他人との現実的関係を希薄化しつづけることだ。D君は完全に拒否しているわけだけれど、あとの三人はそれぞれ固有の微妙な仕方でせっせと希薄化していると思うよ。

C君は、相手の女性が自分を――しかも社会的価値を何も実現していない自分を――養ってくれることによって、自分のうちに潜む男としての自然的魅力を確認できるのだから、自己愛は満足される。そのうえ、相手は交換可能な女性の一人にすぎないとたえず自分に言い聞かせることによって、自己愛は天空まで羽ばたく。さっき、同棲するのは「人生の虚《むな》しさを忘れるため」と言ったが、その内部構造はこういうふうになっているんじゃないかなあ。C君は自分を直接肯定するだけの自信はなく、たえずC君を愛し養ってくれる女性によって承認されることによって自己愛を満足させてきたのだから、そういう女性が去ってしまうと、C君の自己愛はたちまちしおれてしまい、もう生きていけないほどの衝撃を受けるのだ。

C　そう言われればそうかなあという程度ですが、納得はいきますよ。

じゃ、次にA君に矛先を向けるとするか。易者に手相を見てもらっているくらいの気楽な気持ちで聞いてくれればいいよ。きみの場合、とくにセックスを嫌うことはないようだけれど、相手に「吞《の》み込まれる」ことを無性に恐れているんだよね。A君にとって「恋は盲目」であってはならない。どんな恋愛状態にあっても、理性的な選択をしそこなわないように、常に理性がしっかり見張りしているんだね。そのための第一条件は、相手をあまり愛さないということ、相手が自分を愛しているより相手をより少なく愛することだ。そのときにかぎって、われわれは相手の「心の動き」がよく見えるようになる。

　そんなA君にとって、もし相手が自分を愛するより自分が相手をより多く愛してしまったら、相手は読み解くことができない巨大な謎と化し、自己愛はうめき声を上げ、A君は危機的状況に陥る。ここを突き進むと、自分が相手に依存いや隷属さえしてしまう予感がする。それは恐怖以外の何ものでもない。だから、すべてを投げ打ってその関係から退却する。こうして、C君とA君とではずいぶん行動様式は違うようだが、**相手に自分を完全に明け渡さないことに全精力を注ぐという点では同じだね。**

A　まいったなあ。うすうすわかっていたことばかりなんですが、こうもぐさぐさ容赦なくえぐり出されると、なんだか自分が無性に哀れに思われますよ。先生ってずいぶん厭な人ですね（笑）。

B　先生から解剖される前に自分で言っちゃいますと、私も同じ穴の狢《むじな》なんですね。自分が母親から「おまえは醜い！」と言われ・見られ・思われて育ったことを盾にして、相手からふられたとき、ふられそうになったときには、そのトラウマのせいにして自分を癒《いや》すのです。つまり、私は自分が客観的にはそれほど醜いわけではないことを知っていますが、その瞬間に「私は世界でいちばん醜いんだ」と思い込むようにぐいぐい自分をもっていく。そうすると、ほとんど全身が痛くなるほどの苦悩が襲ってきて、私は彼から嫌われたことを納得できるのです。

私って、じつは惚《ほ》れっぽいんです。近くにいる男の人のことをすぐに「ああ、いいなあ」って思ってしまう。新入社員が十人いればそのうち三人くらいは好きなタイプですね。ですから、そんな苦しいひとり相撲なんかつまらない、一度でいいから心中したいほどある男に恋焦がれる体験をしてみようとも思うんですが、いざとなると駄目ですね。私は自分が少しでも相手から嫌われているとわかると、さっき言った「操作」を発動して相手から離れていきますし、私が何とも思っていない人に好かれても、ちっともおもしろくない。ですから、AさんやCさんのお話を聞いて、ずいぶん自分と感受性が違うんだなあって思いました。

Bさん、いま聞いたかぎりでは、あなたは四人の中で人間として——つまり人間という動物として——いちばん生命力にあふれていると思うよ。さまざまな障害はあるだろうけれど、そのうちある男性を自然に愛し、彼の愛を自然に受け入れることができるようになると思うよ。占い師のような口ぶりだが、なにしろ人間は「変わりうる」んだからね。私の実感としては、D君でさえ、「変わりうる」。D君、そう聞くといまは寒気がするかもしれないが、将来結婚し子供をもつことさえありうると思うよ。

D　そんなこと絶対にありませんよ！

B　私もそう思うなあ。だって、Dさんのようなきれいで弱々しい男を好きになる女って少なくないもの。これから現われないともかぎらないと思います。

　ひょっとして、Bさん、自分のこと言っているんじゃないの？

B　違いますよ、違いますよ……(笑)。

D　先生、一つ質問していいですか？　先生はなんで結婚したんですか？　結婚して、そのうえ子供までつくったんですか？

ついに来たね。いつかその質問が誰かの口から出るものと思っていたよ。いままで多くの人からそう聞かれたが、そのたびごとに答えに窮してしまう。どうも、そういう問いを発する人は私の本を読んで、「そんな人間嫌いがなぜ結婚したのか？」あるいは「死ぬのがそんなに理不尽なのなら、なぜもうひとり死すべき人間をつくったのか？」という問いが底にあるようだ。これには幾重にも違った答え方ができ、しかもどう答えても、その一つ一つが、ある程度真実で、ある程度嘘にならざるをえない。

こう断ったうえで、この機会になるべく掘りさげて答えてみようと思う。まずはいちばん簡単な答えから始めようか。父が九州のひどく封建的な家の長男に生まれたせいか、私は定職に就くことと結婚し家を守ることは、男として当然であるという教育を受けてきた。母は十九歳でその封建的な家に嫁ぐや、筆舌に尽くしがたいいじめを受けたが、父はまったくかばってくれなかった。後に一家が東京（後に川崎）に出てくると、当時を思い出して、母は私が十歳のころから四十年以上にわたって、父に向かって食事のたびごとに「この冷血動物！」とか「絶対に謝らないんだから！」と罵詈《ばり》雑言を投げつづけ、それが年ごとに加速し、父の死後ぐったりしたようになって、そのまま軽い狂気を発散させて亡くなった。それでいて、ふたりとも離婚をほのめかすことさえしないのだ。こうした体験から、私の中に、結婚とは納税やかつての兵役のような社会的義務だという観念が育っていった。つまり、結婚に私は何の理想も抱かなかったからこそ、できたのだと思う。

B　でも、先生はウィーン留学時代に、あっという間にいまの奥さんと結婚したんでしょう？

それも、ロマンチックに考えてもらっては困る。一部は『ひとを愛することができない』（角川文庫）にも書いたが、たしかに私たちは出会ってから二ヵ月で同棲して、三ヵ月で結婚したのだから、大恋愛かと思うかもしれないが、そうではなかったことは（少なくとも私にとっては）確かなことだ。このあたりのことはとても語りにくく、どう語ってもある程度嘘になるのだが、当時私は博士論文を書くことを至上命令にしていて、ウィーンにあと最低三年間留《とど》まる必要があった。そのころ付き合っていた数人の女性たちのうちで、そのために結婚相手としていちばん有利な人を選んだとも言えるだろう。

彼女は、私が非常勤講師として勤めていた日本人学校の文部省（当時）派遣教師だったのだが、さまざまな条件をパスしていた。まず、彼女は私が彼女を愛するより私をより多く愛していた。給料は私の十倍はあり、C君の場合と同様、「私がお金は稼ぐからあなたは哲学だけしていればいい」と言う。じつは、彼女の扶養家族にさえなれたのだが、ひとえに男子の面子《メンツ》のために私は非常勤講師を続けた。容貌《ようぼう》も、連れて歩くのにまあ悪くはないと思った。このあたりの「計算」はA君と同じだね。

B　なんだか興ざめな話ですね。先生はAさん以上にエゴイストですね。

いまは、その面を強調して話したからそんな気もするのだよ。もちろん、計算ずくだけではない。結婚してみて、ふっと肩の力が抜けてこんなにゆったりできるものかと思ったよ。世の中が私に対して一斉に武装解除したという印象だったね。私は週二回だけ午後学校に行けばいいのだから、妻が働きに出たあと、葡萄《ぶどう》畑の真ん中にある山小屋のような家の二階で、小鳥のさえずりを聞きながら、ベッドにひっくり返って本を読みつづける。まさに、ヒモのすばらしさを満喫したよ。

B　すべて、自分に都合がいいだけじゃないですか。

いや、そうでもないんだよ。彼女のほうでも、それなりに「計算」はしていたと思うよ。三年間、異国で女がひとりで生きていくのはたいへんなことだ。まして、海外の日本人学校の教師はそれ自体激務のうえに、祖国から離れて受験勉強に後れをとってはならないとぴりぴりしている保護者たちが、髪の毛一本のミスも許さないとばかりに彼らを監視している。ほんとうにくたびれはてる仕事なんだよ。彼女にとっても、そんなとき好きな男がそばにいることで、どんなに心が癒されたかしれない。なんだか自分で言うのも変だが。

D　先生って、ほんとうにナルシシストですね。

B　私もそう思います。それに、相当したたかです。Dさんとはまるで違いますね。じゃ、子供についてはどうなんですか？

はじめ、互いに仕事があるからという理由で子供はつくらないことにしていたが、結婚して二年半が経ち帰国が近づくと、妻は子供を無性に欲しがった。私の中でもそんなに違和感はなかった。博士論文も書けたし、妻の望みをかなえてもまあいいだろうと思った。そして、帰国する直前に受胎して、帰国後五ヵ月経った八月に男の子が生まれた。不思議なもんだねえ。私は子供をつくったことを一度でも後悔したことはないんだよ。むしろ、こんな自分でも子供ができたという喜びのほうが大きかったね。

B　あっけにとられるほど普通の男ですね。

そうかな。そう感じるのなら、それでもかまわない。そこから先は普通の男とはたぶん違うと思うが。私は去年の春、つまり、帰国して二十年経ったとき、ふと天啓を受けたように、「家族」をやめようと決心したんだ。息子も大学に入り、その年の八月で二十歳になった。もう充分「家族ごっこ」をしてきた。それはそれで充実していたが、憑《つ》き物が落ちたように、もういいと思ったのだ。**これまでは妻子が必要だった、でもこれからは必要ない、とからだの底から確信した。**

息子はここ六年ほど私を拒否しつづけており、大学入学とともに家を出て下宿してしまった。そこで、(カトリック教徒の妻とは離婚していないが)妻に置手紙でそう伝えた。その後、妻とは同じ家にいながら、まったく会話どころかお互いに顔を合わすこともない生活が一年以上続いている。息子も妻も嫌いであるわけではない。ただ、そばにいると目障りなのだ。いくらでも経済的支援はするから、好きなように生きてもらいたい。唯一の希望は、私の「生活」に踏み入らないでもらいたい、ということだ。すでに親戚《しんせき》一同との縁は切ってある。両親が死んだあと、姉と妹とも縁を切り、両親の墓参りにも行っていない。私が死ぬときも、妻子に看取《み》られて死にたいという願望はない。私は心底たったひとりで死にたいんだよ。

B　先生は、無理やりそういう反社会的な方向に自分を仕向けている感じがするんですが……。

ああ、それも自覚しているよ。そうでもしなければ、私は「家族の絆《きずな》」から解き放たれないからねえ。ここには、父と母の関係に対する嫌悪感もある。父は「ひとを愛する」ことがまったくわからない男であったが、その父を鳥肌の立つほど嫌っていながら、私も年を取るに連れて、自分の体内に父と同じ血が流れているのを感じる。いままで、きみたちにいかにも自分が愛の何たるかを知っているかのようなそぶりで話していたが、ひやひやものだったよ。私は、自分でも恐ろしいことに、自己愛が発動しなければ指一本動かさない人間だということを自覚している。

こうした私の態度は、いかに巧みに隠蔽《いんぺい》したところで、長いあいだには自然に見透かされる。妻はこんな私に向かって、母からひとことひとこと教えられたかのように、「あなたは、自分、自分、自分じゃないの！　あなたなんか結婚する資格ないのよ！　あなたは私を騙《だま》したのよ！　あなたは家族を利用しているだけなのよ！」と叫びつづけた。しっかりこっちを向いてくれ、という痛切な叫び声である。「私、おかあさんのようになりたくないの！」と涙ながらに訴えることもあった。何度も、私は自分を変えようとした。だが、あたかも父の霊が足を引っぱるように、たちまちもとの醜悪な自己愛に戻ってしまうのだ。そのうち、警察の取調室で過酷な尋問に疲れはてた被疑者のように、だんだん私も妻の尋問に麻痺《まひ》してゆき、「そうだなあ、そのとおりだなあ」と思うようになった。

そんな闘争が続いて二十三年経った昨年春のある日、ふと「そうだ、もう自分をごまかすのはやめよう、無駄な努力はやめてひとりで生きていこう」と決心したのだ。もうじき私は死ぬ。妻も死ぬ。としたら、人生の最後までごまかして生きたくはない。とりわけ、父のように、妻から罵倒されつづけながら、それに不感症になったまま死にたくはなく、妻を母のように、夫を恨んで恨んで恨みつづけて死なせたくないと思った。

D　なんだか、先生、二十年以上にわたって無理やり社会性を身につけた結果、いまになってそれを全部脱ぎ捨てたいようですね。そして、またもとの孤独な少年に回帰したいようですね。

自分でもそんな気がする。D君、私はいま心情的にはきみにいちばん近いのかもしれない。三十五歳を過ぎて、結婚もした、大学教師という定職にも就いた、子供も授かった。だが、私は昨年ふと二十三年間の「邯鄲《かんたん》の夢」から醒《さ》めてしまった。醒めてしまうと、ウィーンから帰国して後の妻もあり子もある「人並みに幸せな」生活すべてが無限に希薄な綿菓子のようなんだ。そのあいだ、私はただいっそう死ぬことに近づいただけであって、やはりこの二十三年間は「一炊《いっすい》の夢」だったと言わざるをえない。

D　最後に一つ質問していいですか？　先生は、ぼくたちに向かっていままで何度も人間は「変わりうる」と強調しましたが、先生自身はやっぱり変わらなかったんじゃないですか？

ああ、それにも答えねばなるまいね。結論から言えば、そうであるともそうでないとも言える。若いころの私は、ちょうどD君のようにひきこもりがちで、自分は会社に就職もできないだろうし、結婚なんてとんでもない。まして、子供をつくるなんて考えただけでも、恐ろしいと思っていた。だから、こんな男でも生きていける唯一の場として、哲学科の大学院に入ったのだよ。さっきも言ったように、男ならまともなところに就職し、結婚することは当然だという空気の中で私は育てられた。どうにかしてそうした条件をクリアしないで、しかも社会的敗者にはなりたくない。そのためには、非社会的でありながらもいちおう世間から承認される「哲学」という営みにしがみついていなければならない、そして大学の哲学科の教授にならなければならない。だいたいそんなふうに考えていた。

まあ、この計画は途中でがらがら崩れてしまったがね。三十歳で大学院の修士課程を修了した後、前にも言ったように、私は予備校で英語の非常勤教師をしていたが、三十三歳でそれにも耐えがたくなり、哲学と「最後の決着をつける」ために単身ウィーンに飛んだ。そして、修道士のような生活を続けて、博士論文を書こうと思っていたのだが……、自分でも驚くほど「変わって」しまい、それからあとはさっき話したように、結婚までしてしまったというわけさ。

だから、やはり私は「変わった」のだと思う。そして、それから二十三年後にその夢から醒めた。としても、私は元の私に戻ったわけではない。いま思うに、私があのままずっとひきこもっていたら、あるいはウィーンに飛んでからずっといままで修道士のように過ごしていたら、「邯鄲の夢」は醒めなかったのかもしれないね。私は、結婚や子供や俗世間を羨望《せんぼう》と反感の入り混じった気持ちで眺めながら、自分の人生に対するどうしようもない欠落感に悩んだかもしれない。だが、現実の私はそうではなかった。必死の思いですべてを得ようとし、それがある程度かなったとたんに、捨てようと決意したのだ。キザと思われてもかまわないが、私はもう普通の意味での「人生」を終えてしまったんだよ。浜辺に戻り玉手箱を開けた浦島太郎のように、龍宮城での三日間の体験はもう永遠に過ぎ去ったことであり、あと私に残された課題は「死ぬこと」だけだ。D君、これでいいかな？

D　………。

死にたくない

さて、ようやく最後のテーマだ。これまでも、とくにD君が「私の死」について印象的に語ってくれたが、ここではまとめて、私などすぐ眼の前にしているが、きみたちとてあと五十年もしたら死ななければならないこと、このことについてなるべく正確に言語化してみよう。

D　前に言ったことの繰り返しなのですが、ぼくは、たまらなく死ぬのが怖い。それを「解決」するために哲学をやろうとしたのですが、どうもどんなに哲学をしても、死を免れることはできないのだと思いはじめた。そのときから、ぼくの中で哲学に対する興味はがらがら崩れてきて、裏切られたようなどうでもいいやという気持ちで、大学をやめてしまいました。

ずっと前に（「生きていたくない」）、「翌朝死んでいればどんなにいいか」って言いましたが、つい口が滑っただけで、まったくの嘘です。ほとんど毎晩のごとく、布団の中で、死んだらもう何千年経っても、何万年経っても、何億年経っても、生き返れないのだと思うと、全身が震えてくるほど怖い。というより、「こんなことがあってたまるか！」と叫び出したくなり、次に「何かのまちがいではないか？」と考えなおしてみる。「それでもいいのだ」と無理に思い込もうとしても駄目で、その虚しさは計りしれない。ぼくがいないままで、世界（宇宙）はずっと続いていき、そしていつか人間も地球も太陽系もなくなる。そして……地球上に起こった何ごとも憶《おぼ》えている者は誰もいない。すべてが暗黒の渦の中に呑《の》み込まれてしまう。これでいいんだろうか？　これでいいはずがない。あんまり残酷なので、ぼくは思わず嗚咽《おえつ》していることさえあります。

D君、まさに私も小学生のころからそのとおりだったし、いまでもそのとおりだ。そして、その虚《むな》しさ・残酷さを最終的に解消する手立てはないと考えている。私が哲学を志してO先生の家の門を文字通りたたいたとき、いまきみが言ったこととそっくり同じことを、私は先生に向かって叫ぶように語った。涙が出てくる思いだったよ。先生は私が語り終えるまでまったく妨げずにすっかり聞いてくれたあとで、「あの、ドーンという体験ですね」と言われ、「知っていますよ」と自分に語りかけるかのように軽く眼を閉じた。ああ、こんな反応ははじめてだった。それまで、私がこう語り出すと、みんなどうにかしてそれを妨げようとするのだった。「そんなこと誰でも考えているよ」とか「そんなことばかり考えても生きていけないしね」とか、さらには「人生を燃焼しつくして八十歳で死ぬのならいいじゃないか」とか「死ぬことができずに永遠に生きているって辛《つら》いもんだぜ」と適当にはぐらかして、気まずい、いや猥褻《わいせつ》な話でも聞いたかのように、必死で話を逸《そ》らそうとするのだった。

しばらくして、眼を開け私にちらりと視線を注ぐと、O先生は「きみは病気です。哲学病です」と言われた。「カミュも病気です。この病気にかかる人は非常に少ないが、治らないのなら作家とか宗教家とか哲学者になるほかはない……ギリシャ哲学のI先生は床ずれのした病人です……論理学のS先生はここ十年こもって考えている……」。容疑者がもはや耐え切れなくなって殺人を告白するように、自分の「罪」を告白してみたら、ふいにめまいのするほど魅惑的な世界が私の前にパノラマのように開けてきた。「私の先達」たちが、この大学の中に少なからずいるのだ！　いい年をした男たちが、生きてまもなく死んでいくことの理不尽さにかまけているのだ。信じられなかった。そして、涙が出るほど嬉《うれ》しかった。自分の仕事はこれしかないと思った。そして、私は法学部には進まずに一年留年して、O先生のもとで哲学をすることにしたんだよ。

D　先生は、そういう先生に出会ってほんとうに幸せでしたね。心底羨《うらや》ましい。でも、「死」の問題が解決したとはどうしても思えないんですが……。

たしかに「解決」とはほど遠い。だが、哲学を続けてきたおかげで、いまきみが語ってくれた「死の虚しさ」に含まれるいくつかの錯覚に――ほんの少しだが――気づきつつあるんだ。まず、時間は空間ではないということ。これはベルクソンが生涯をかけて追究したテーマだが、われわれは「ずっと、ずっと死につづける」といっても、空間的延長以外のイメージを思い浮かべられない。そして、時間は空間ではないことは明瞭《めいりよう》だから、時間的長さをわれわれはじつはいかなる仕方でもとらえていないように思う。戦後六十年経ったが、六十キロメートルないし六十万キロメートルに類比するような空間的距離がわれわれの後ろに延びているわけではない。いや、ビッグバンから百五十億年の時間だって、全然空間的には延びていないんだ。そして、時間的な延長をわれわれは描くことができない。想像することすらできない。だから、空間的イメージでとらえるかぎり、「ずっと、ずっと」は所詮《しょせん》錯覚だということだ。

D　その点はわかります。時間が空間と違うことは自明ですよ。でも、それでもごく自然に時間が「長い」とか「短い」って感じがするのはどうしてでしょうか？

ああ、いい質問だね。ベルクソンの時間論に対する最も鋭い批判だと言ってもいいくらいだ。そうなんだ。こう指摘したからといって、誰も時間に「長い」とか「短い」という言葉を使うことを躊躇《ちゅうちょ》しないからね。このことは、簡単なからくりで説明できる気がする。といっても、厳密に語るにはちょっと長くなるけれどいいかな？

D　ええ。

ベルクソンも強調するが、はじめから時間と空間という二つの異なった「延長＝広がり」があるわけではない。私たちがまず着目しなければならないのは、「運動」だ。単純な例として、きみがまっすぐの道路を大またで、そうだなあ計算を簡単にするために、一秒間に一メートルのペースで歩いているとしよう。すると、きみは一分間で六十メートル進むことになる。一分間歩いたら、きみは立ち停まって後ろを振り返る。きみの後ろには歩きはじめたところから立ち停まったところまで六十メートルの線が延びている。それは、まさに六十メートルの「長さ」の線だ。だが、同時にきみは一分間が経ったことを知る。きみが時計をもっているなら、秒針は一回りしているからね。そこで、きみはごく自然にきみの後ろに延びている六十メートルの長さと六十秒という持続の長さを重ね合わせる。もちろん、きみは空間の長さと時間の長さとを混同することはない。きみの記憶によると、自分が「歩いていた」という一つの体験しかないのだ。それが、空間と時間に剝《は》がれていって、空間の長さとしては六十メートルが、時間の長さとしては六十秒が計測されたのである。このことにより、一つの運動を分有する二つの「長さ」が生まれるのであり、それぞれが実数無限の点からなる直線として描きなおされて、その一つの運動の（等速とすれば）一つの速度が算出されるというわけだ。

　ここまでが第一段階であり、第二段階は、次のように進む。とはいえ、空間の長さは時間の長さよりはるかにはっきりしたイメージを結ぶ。なぜなら、空間は視覚に訴えるからであり、私たち人間の知覚のうち視覚が最も分解能が高いからである。簡単に言えば、眼前の手ごろな大きさの物体の（空間的）長さは、見ることにより端的に把握できる。だが、その持続の長さは見えない。ただ感じることができるだけである。だが、その「感じ」もはなはだぼんやりしたものだ。そこで、空間の計測なら、ものさしがなくとも、複数の物体を比較することによってかなり正確な長さは算出できるのに、時間の計測となると、時計が典型であるように、私たちはどうしても空間における運動を使用しなければならない。例えば、音T_1とT_2が同時に鳴りはじめ、T_1が鳴りおわってもT_2がまだ鳴っているならば、少なくともT_2の持続はT_1の持続に比べて「より長い」とは言える。だが、さらにT_2が相当の持続後に鳴りやむとき、もし（時計のような）物体の運動が与えられていなくてただの「感じ」だけを頼りに答えねばならないとすると、T_2がT_1よりどのくらい長いかを判定するのは難しい。まして、T_1とT_2が別の時間に鳴りつづけ、しかも持続の長さがそれほど変わらない場合、「感じ（記憶）」だけを頼りに、両者のどちらが「長い」かを比較することさえ困難であろう。このことは、いま聴いた音T_1の長さと一ヵ月前に聴いたT_2の長さというように、T_1とT_2とのあいだの時間間隔が大きければ大きいほど困難を増す。このように、時間の長さを直接に、つまり物体の運動の助力なしに、正確にとらえるのは非常に難しいからこそ、私たちは「長さ」というとまず空間の長さを思い浮かべてしまうのだ。

　別の角度から言いかえると、このことは肝に銘じてもらいたいが、**私たちはいかなる仕方でも時間そのものを表わすことはできない。時間はただ感じることができるだけである。**それゆえ、私たちは物理現象の変化や物価変動の変化などを表記しようとするなら、どうしても空間化した時間である「直線」を使わざるをえない。このことから、時間の長さは空間の長さでないことはみんな知っているのに、つい視覚的にはっきりとらえられる空間の長さをもって時間の長さをイメージしてしまうのだ。さっきの歩行の例では、自分自身が運動していたから、つまり、自分のからだが動いていたことが端的な感覚として残っているから、（少なくともその直後は）時間の長さを空間の長さと混同することはないのだが、一般に私たちは観察によって運動を知っているのだから、観察し終えると、とたんに運動の軌跡としての空間的長さを時間的長さでもあると思い込んでしまうというわけだ。

D　よくわかります。

　この錯覚はきわめて根深いんだよ。時間そのものを直接に表わす手立てがないから、さらに私たちは時間に空間的長さのみならず、運動をも読み込んでしまう。こうして、ごく自然に「時間が速く過ぎ去る」とか「この一年はあっという間だった」と語るのだ。時間自身が「速い」のなら、その速度はどのくらいなのか？　また、こう語る場合、運動する時間を測定するもう一つの時間を仮定しているが、その時間とはどのような時間なのか？　こうした問いがふっと湧きあがることもあるが、それを無理に呑《の》み込んで、不合理であることを重々承知しながら、人々は端的な実感を表現するのに、「恐ろしいほど速く時間が過ぎ去る」と語ることをやめない。こういう態度が「根深い錯覚」の元凶なのだよ。

A　すべて納得できます。つまり、ぼくたちが時間について語るときは、いつも空間のアナロジーという視点と、時間は空間ではないという視点という二つの視点から語るということですよね。でも、後者の視点に立っても、いざ表現しようとすると、やはり空間や運動を使わなければならない。時間とは空間でも運動でもないことは、みんな知っていながら、あらためてそれ自体として何かと問われると、答えられないんですね。

うまくまとめてくれたね。アウグスティヌスが同じ問いを出していることは、たぶん知っているだろう？　彼は『告白』でこう語った。

> それでは、時間とは何であるか？　誰も私にたずねないなら、私は知っている。もしたずねる人があって、答えようとすると、私は知らない。
>
> （今泉三良・村治能就訳）

この命題は、漠然と時間の神秘を語っているのではなく、「存在」や「同一性」などと同じく、時間を定義することの不可能性を主張しているのでもなく、時間というあり方の特殊性を語っているのだと思う。つまり、いまA君がみごとにまとめてくれたように、「それは何か？」と聞かれると、時間ではないものをもって答えるしかない。では、時間とは何かを私は知らないのかと言われれば「感じ」によって知っている。こういう時間独特の性格を指摘しているんだと思うね。

時間の「長さ」については、これくらいでいいんじゃないかな。以上の説明を通じて私が言いたかったことは、「こんなに長い」と言って両手を広げる人に対して、私が「それは空間の長さじゃないか」と言っても、この錯覚は消えないということだ。私たちは空間的な長さしかイメージできないのだから、私が「時間自体にはいかなる長さもない」と反論しても、ほとんど説得力はない。なぜなら、誰でも例えば一年という独特の「長さ」をやはり端的に知っているからだ。

しかも、一年という長さが一日の三百六十五倍であることを了解したうえで、同時に一年前のことが「昨日のようだった」。つまり「この一年の長さは一日の長さのようだった」と語りたい気持ちを抑えることはできない。こういうとき、その人は空間の長さによって表現された時間の客観的な長さ（一年）と自分の実感（一日）とのあいだの齟齬《そご》を表現したいのだ。誰でも、一年という時間の「客観的な長さ」がどこか胡散臭《うさんくさ》いことにうすうす気づいている。だが、どう胡散臭いのかを語り出すことはできない。だから、どうもおかしいと首をひねりながら生きていき、そしてそのまま死んでいくのだ。

D　よくわかりますよ。でも先生自身はどうなんです？

私はまだ過渡期かなあ。心底、時間の長さなどまったくの錯覚だ、ビッグバンから宇宙の終焉《しゅうえん》まで一瞬のうちにあるのだ、と思うこともあるし、日常生活にかまけていて、やはり独特の意味で「長くある」のかなあと思うこともある。そのあいだを揺れているところだね。

だが、時間の「速さ」については、ほぼその正体を見抜きつつある。以前ある本（『「時間」を哲学する』講談社現代新書）で論じたが、私たちは時間の「速さ」について語るとき、かならず「速かった」と過去形で語る。そう語るときの心理状態を反省してみると、運動を体感したときの「感じ」に依拠していることがわかる。先に出した歩行の例に戻ると、三百六十五歩進んだあとでふっと休むとき「あっという間」だと感じるなら、一歩だけ進んだときと同じ「感じ」と言いかえることができる。そのとき、三百六十五歩進んだ軌跡としての三百六十五メートルを、おかしなことに、三百六十五秒という客観的時間の長さに読みかえてしまう。そうしたうえで、その客観的時間の「上を」私は疾風のごとく一秒間でここに到達したのだ。よって、その場合の「時間の速度」は秒速三百六十五メートルというわけなのだ。

D　なるほど、明晰《めいせき》な解釈ですね。それでは、先生はもはや「時間が速く過ぎる」とは感じないのですか？

いや、感じないこともないよ。でも、感じるたびに、ああ、こういう感じは錯覚なんだと自分に言い聞かせている。そして、そう語ることをやめるようにしている。ちょうど、「北」を「上」と感じてしまう錯覚から自分を解放するように。これには、たえまない訓練が必要なんだ。そのうち訓練の成果が出てきて、まったくそう感じないようになることを期待しているんだがね。

A　あのう、話を少し変えていいですか？　Dさんがはじめに言った「ぼくが死ぬと、何億年経っても生き返ることがない」という恐ろしさに戻りたいんですが、ぼくもこんなくだらない人生なのに、なぜか死ぬのが無性に怖い。それは、よく考えてみると、ぼくが無になること自体の恐ろしさではなくて、無になった後にぼくが二度と生き返らないからなんですね。ということは、たびたび生き返ることが保証されているのなら、死んでもいいということです。

生き返るまでのあいだがいくら長くてもいい。十年後に生き返るのなら、まだぼくのことを知っている多くの人に会えるでしょう。そして、千年後なら、誰にも会えない。ぼくはたとえ生き返ったとしても、ひどく淋《さび》しい思いをするでしょう。でも、千年後に（あるいは一万年後に）生き返ることが保証されているのなら、たとえ誰ひとりとして知らない人の生息する世界に生き返るのであっても、ぼくは死ぬことに耐えられますね。もちろん、また数十年間地上に生きて死ぬ、そして、また千年後に生まれ変わることができなくてはならない、こういう繰り返しを果てしなく続けるということです。

いまのA君の仮定はもっと厳密に条件づけなければならない。つまり、千年後に生き返るA君は千年前の記憶を保持していなければならないということだ。そうでなければ、A君自身が「生き返った」ことにはならない。まったく新しい人格がそこから生きはじめるのと変わらないことになるからね。

A　当然そうした前提で話しているのです。

するとここに哲学的に興味深い領域が開けてくる。A君は、自分が死んでいた千年のあいだに何が起こったかを知りたく思う。そして、熱心に学び知り、その千年間生きていた人と同じだけの知識を得る。これはとても魅力的なことだよね。死ぬことが耐え難い一つの理由は、死んでしまえば、翌日からの世界のあり方を知ることが永遠にできないからなのだから。

だが、ここでおもしろいことに気づく。人類文明の黎明期《れいめいき》に生きていた人は、たとえ百年生きていたとしても、彼にとっての過去はわずかであるから（そして、当時は知ることができる過去もわずかであったから）、彼はこの世界についてわずかの知識しか有していない。だが、二十一世紀に生きるきみたちがたとえ三十歳で死ぬとしても、すでに膨大な知識を有している。このように、世界についての知識は、各人がどれほど長く生きていたかではなくて、時間上あとになればなるほど豊かになるわけだよね。

たとえ、プラトンやアリストテレスが大天才であったとしても、彼らは宇宙や地球の成立についてほとんど無知だったし、ＤＮＡの構造なんかまるで知らなかった。レオナルド・ダ・ヴィンチやゲーテがいくら天才だといっても、いまの量子力学や大脳生理学の片鱗《へんりん》も知らなかった。まして、彼らはその後の悲惨で輝かしい近代文明の成果を見ることができなかった。だから、たとえ一度しか生きられないとしても、もし選べるのなら、なるべくあとに生まれたほうが得だね。世界の終焉のときに立ち会うことができれば、いちばん得だってわけだ。

D　そうだとは思いますが、先生もやや茶化した言い方をしているように、そういう個々の知識は、ぼくにとってはどうでもいいんです。人並みに、百世紀の世界を、人類が絶滅する瞬間を、その後の地球の様子を見てみたいんですが、何を見ても「ああ、そういうことか」という程度でしょうねえ。地上最後の人間として、いままでの人類の歴史を膨大な量のビデオを巻き戻すように全部見たとしても、「なるほど」というため息をつくだけに違いない。たしかに、明日死んでしまえば、その後のことがわからないのは悔しいのですが、たとえわかったとしても、虚《むな》しさは消えない。ぼくが無になるという虚しさは、「その後の世界を知ることができない」ことには収斂《しゅうれん》されないように思います。うまく言えないけれど……。

Ａ　そうかなあ。ぼくは、千年後に生まれ変われるという保証があるんなら、心底明日死んでもいいのだけれどなあ。小さいころ、クリスマスイヴの晩、サンタクロースはどんなプレゼントをもってきてくれるんだろうとわくわくしながら眠ってしまったように、千年後にはどうなっているんだろうとわくわくしながら死ねるわけですから。

Ａ君のような人はあまり多くはないと思うが、私も心情的にはよくわかるよ。**子供のころ、死んでしまったら、ただの「眼」になって世界を「見る」ことだけが許されれば、あとは何もいらないと思っていた。**そのうち、ずっと見ていることは必要ではない。テレビの画面のように、見たいときだけ見て、見たくないときは「消して」おいてもいいと思うようになった。ずっと死んでいて二度と生き返ることがなくとも、ふと娑婆《しゃば》を見たくなったら、見ることができればいい。だから、Ａ君のように、生き返ってまた苦労の多い人生を果てしなく繰り返す必要はないわけだ。

Ａ　死んだら「眼」だけになって存在するという可能性は、ほぼゼロですが、次のような可能性は論理的にありますよ。つまり、古来の輪廻《りんね》転生に近いんですが、ぼくが死んだあとで、いつかぼくがある人間（あるいは何らかの知的存在者）として、未来のあるときに地上（あるいはほかの天体）に生まれ変わり、以前に生きていたときの記憶をすべて失って、だが新たな「ぼく」として存在しはじめるという可能性です。「いま・ここ」から特定の開かれた風景を知覚し、その知覚している肉体を内側からも感じている独特のあり方をした存在者でありながら、ぼくが現に体験したさまざまなこと、つまりベルクソンの言う「エピソード記憶」をことごとく欠いているのです。

たしかに、その可能性はないとは言えないね。心理学者の渡辺恒夫さんなど、積極的にそれを証明しようとしているし、哲学者の永井均《ひとし》さんの言う〈私〉というあり方だって、いまここで「私」と発話しているこの特定の肉体とはいちおう独立なんだから、その可能性を認めていることになる。

D　ぼくはそういう議論に全然興味がないんです。たしかに可能かもしれない。でも、それでも「生き返った」こと自体に気がつかないんですから、救いにはならない。タイムトラベルが可能になり過去に戻れたとしても、気がつかなければ戻った甲斐《かい》がありません。例えば、いまのぼくも、何千回も何万回も輪廻転生した挙句のはての「ぼく」かもしれないけれど、そんな記憶は片鱗もないし、このぼくにとって何の価値もない。

それもわかるな。だけど、これこそこれを信じる人と信じない人がいるだけであって、永遠に決着がつかないことだよね。このあたりで、視点を変えてみようか。ほかに、「私の死」に関して問題はないだろうか？

B　いままでずっと黙っていたのは、私には永遠に自分が消滅してしまうことに対してDさんのように額から脂汗が出るような恐怖もなく、Aさんや先生のように「死んだあとの世界を知りたい」というすさまじい欲望も希薄だからです。でも、私は死ぬのが無性に怖い。なぜ怖いのかを反省してみると、自分が死ぬと、この世のすべての人やすべての物事と永遠に別れなければならないからなんです。いま特別に愛している人はいないのですが、そして親戚《しんせき》や知人のうち誰ひとりとして好きではないのですが、私が死んでしまうと、人間だけではなくて、あの青空とも太陽とも爽《さわ》やかな風とも眼が洗われるような新緑とも、私の大好きな毛布の感触とも……永久に別れなければならない。そう思うと、すごく悲しいですね。

C　そうそう、ぼくも同じだな。いまの生活なんか犬に食われろって感じなんですが、不思議ですよね、もし明日処刑されると宣告されたら、貧乏ったらしいわが家や、ぼくを養ってくれるちょっとくたびれた彼女や、彼女が作ってくれる形の悪いオムライスまでが異様に輝いてくる。どれ一つとして失いたくないと思うでしょうね。

なるほど。

ところで、最近とても興味深い学生に会ったよ。I君といって、ある大学の経済学部を卒業した後に、ほかの大学の哲学科の大学院に入ったのだが、「死ぬこと」がどうしても納得できないと言う。そこまでは、D君、A君それに私ともまあ同じだが、そこから彼は私たちとは違うとても独創的な考えに至るのだ。半年くらい前にはじめて会ったのだけれど、澄み切った眼を光らせて、自分の一生を「死なない技術」を開発するために捧《ささ》げたいと言うのだよ。死ぬことは不条理だから、それを避ける方法がかならずあるはずだ。不死の薬や冷凍人間や脳移植などによって、私たちは近い将来死なないことができるような気がする。友人も恋人もいない。ほかのことにはいっさい興味がない。自分としては、その開発に参加して不死を実現することしか生きる目標はない。そのためには、あらゆる科学や哲学が必要だ。こう歯を食いしばるようにして語るんだ。

ぼくは、その真摯《しんし》な姿勢に感動して、「ほかの何をしてもきみはおもしろみを感じないだろうから、また、きみのその目標はエジプトのファラオも中国の皇帝もめざしたしごくまっとうなことだから、きみがそうしたいのなら、そうすればいいんじゃないかなあ」と答えた。すると、彼は突然はらはら涙を流したのだよ。「どうしたの?」と聞くと、「はじめてわかってくれる人に会えたから嬉《うれ》しいんです」と答える。私は、彼を五十年前にO先生に出会ったときの自分と重ね合わせて感慨に耽《ふけ》った。そして、I君はこの四月から哲学科の大学院で勉強を始めたというわけだ。

B　私、その学生の気持ちわかります。死なない技術の開発に一生を投じようとは思いませんけれど。私は死後の永遠の生命なんかどうでもいいんです。私にとって、この世で生きていることが何より価値あることで、それをなるべく延ばしたいんです。こんなくだらない私なのに、なんでこんなにも生に執着しているのか、われながら不思議ですが……。

そういう願望をもつ人も少なくない。たとえあの世で永遠に「生きつづける」としても、肉体的快楽もなく、苦悩もない。ひとを恋焦がれることもなく、ひとから嫌われて打ちひしがれることもなく、海辺を散歩することもなく、窓辺でぼんやり夕焼けを見ることもない。うまい酒を味わうこともなく、セックスの喜びもない……そんな「霊的存在」ではつまらない、というわけさ。

A　ぼくは、それでもいいけれどなあ。つまり、さっきBさんとCさんが同じようなことを言ったとき、反論しようと思ったんですが、そこにも一種の錯覚があるんじゃないかと思います。うまく炊けたご飯を海苔《のり》茶漬けにし、それをかき込んで、ため息をつきながら「ああ、日本人でよかった」というせりふを吐く人がいますが、あれは、日本人だからうまいのであって、例えばメキシコ人はうまいと思わないかもしれない。これと同じで、肉体が滅び食欲や性欲そのものがなくなれば、肉体にまつわる欲望自体が消滅してしまうんだから、それで不満はないと思うんですね。

いろいろ議論しているが、残念ながら、「人間としてのあり方」を維持したまま永遠に生きつづけることはできそうもない。というより、あくまでも想像の領域だが、永遠に人間として生きつづけることは、辛《つら》いであろうし退屈でもあろうねえ。じゃあ、千年の寿命で充分かと言われれば、千年生きてもやはり死ぬときは怖い。自分が無に転じてしまうことに対して、やはり同じ理不尽を感じるであろう。このことは、一万年生きても、一億年生きても同じだと思うんだ。だから、この方向に救いはないと私は思うのだが。まあ、このところは人によってずいぶん感受性が異なると思うから、議論してもしかたないだろうね。

ほかに、何かあるだろうか？

D　あのう、いいですか？　死ぬと、自分が無になるということに付け加えて、さらにぼくが耐え難いのは、現代科学が提示する残酷きわまりない宇宙像です。みなひとり残らず死んでしまい、その後も宇宙はずっと続く。熱力学の第二法則によれば、宇宙の最終はエントロピーが極大である熱死状態で、そこで宇宙は永遠の平衡状態のまま動かなくなる。こうした残酷きわまりない宇宙像を教えられて、生きていかねばならない現代人はずいぶん過酷な状況に投げ込まれている。そして、ぼくが不思議でならないのは、みなある程度こうした宇宙像を知っているのに、それにもかかわらず平然としていることです。

ただし、いまD君が言ったこともずいぶん不確かなことだ。科学的法則に基づいた具体的事実が不確かだという以前に、「未来」とは何か、それはどのように「ある」のか、をまず問うてみなければならない。

「未来」とはじつは錯綜した意味を含んでいる。まず「未来」という言葉の意味なら、それは「明日」や「来年」や「一万年後」と同様、ただの言葉の使用法であり、実際の世界のあり方とは無関係だ。たとえ明日が来なくても、一万年後に宇宙がすでに消滅していても、「明日」や「一万年後」という言葉は健在であり、その意味は明確である。これを「概念としてのあり方」と呼ぶことにしよう。これは厳密な意味における時間ではない。私が厳密な意味において時間と呼ぶものは、この世界におけるいかなる事象Aと事象Bを取っても、その二つの事象のあいだには、「より先」か「同時」か「より後」かのいずれかであるという関係が成り立つ、こうしたかたちで世界のすべての事象を秩序づける能力を有した「あるもの」のことである。

過去が、「厳密な意味における時間」であることはいいであろう。いまのところ私たちが知らない膨大な事象が現にあったことは、もちろん認める。そうした未知の過去の事象をすべて含めて、ある事象Eが現に起こったことであるなら、Eは一定の時間の「上に」秩序づけられねばならず、ほかのさまざまな現に起こった事象とのあいだに、「より先」か「同時」か「より後」かのいずれかである、という関係が成り立たねばならない。よって、Eに関して、任意のほかの現に起こった事象Fとの関係において「EはFより先である」という命題は、真か偽かのどちらかにならなければならない。この命題が真であるとき、「EはFより後である」という命題、ないし「EはFと同時である」という命題もまた真であったり、あるいはその真偽が決まらない、ということはない。そして、現在起こりつつあることも、やはり現に起こっているのであるから、あとではかのさまざまな事象とのあいだに、「より先」か「同時」か「より後」かのいずれかであるという関係が成り立つことになる。ここまではいいかね？

D　ええ、格別反対するようなことはありません。

では、いま私が確認したことを踏まえて「未来」に話を進めることにしよう。未来の場合は、以上の関係が成り立たなくなる。まず、注意しておくと、私たちが日常的に「未来」という言葉を使うとき、さっき言った「概念としての未来」のほかに、（1）いまから後のある時間に現に起こることと、（2）そのときに現に起こるだろうといま予想（予測・予感）していること、という二つの意味が重なり合っている。（1）を未来の意味として否定することはできない。とすると、（2）をも未来の意味として認めることができるか否かだが、私は（2）をも未来の意味に含めると、「未来」という言葉は——もしそれが「時間」を意味するとすれば——自己矛盾に陥ると思う。なぜなら、私たちは、明日t_2起こるだろうといま（t_1）予想している事象E_1が、明日になってみたら現に起こらず、ほかの事象E_2が起こることがあることを知っており、しかもその場合、明日（t_2）になって現に起こった事象E_2を、さかのぼってE_1が起こると予想していたその前日のとき（t_1）においても、未来の事象だと認めざるをえないからである。

具体的に言いなおしてみよう。私はここ十年ほど毎年数回ウィーンに行っているのだが、前回行ったとき、調布からのリムジンバスが成田空港に着く前に身分証明書の提示があったとき、ふと開いたパスポートが有効期限の切れた昔のものであることに気づいた。しかたなく翌日の飛行機に変更したわけだけれど、その日の夕方、調布の安酒場でビールを呑《の》みながら、「ああ、いまごろはウィーンのホイリゲ（酒場）でワインを呑んでいたのになあ」と自分の愚かさに泣きたい気分であった。でも、どんなに自分の馬鹿さ加減を嘆いても、いま私は東京にいるのであってウィーンにいるのでないことは動かせない。とすると、昨晩予想していたこと（ウィーンに着いたら早速うまいワインを呑む）は、未来の事象についての予想ではなかったことになる。昨晩においても、翌日の夕方（すなわち今晩）の事象は、ウィーンではなく調布でビールを呑むことなのだから。こうして、昨晩私が予想していたこととは、今晩という未来に現に起こることとはまったく関係のないことなのである。

別の観点から見なおすと、もし（2）をも「未来」の意味として加えると、昨晩の時点（t_1）では、「私は明日（t_2）ウィーンでワインを呑んでいる」という命題は真であるが、一日たった時点（t_2）では、「私は今日（t_2）ウィーンでワインを呑んでいる」という命題は偽になってしまう。時間に世界の客観的順序を測定する機能を認めるかぎり、t_2において「私はウィーンでワインを呑んでいる」という命題とこの否定が同時に成立してしまい、これは矛盾である。

この矛盾を解消するためには、どう考えても現に起こるだろうと予想していること（私はウィーンでワインを呑んでいる）ではなくて、現に起こったこと、起こっていること（私は調布でビールを呑んでいる）を記述する命題を真とするほかはない。そして、この場合重要なことは、t_2の時点では「私はウィーンでワインを呑んでいる」という命題は明らかに偽であるが、昨日（t_1）「私は明日（t_2）ウィーンでワインを呑んでいる」と予想することは、真でも偽でもない。それは真偽未決定の命題である。だから、それは世界の客観的事象についての記述ではないのだ。

少し冗長になったが、ひとは日常的にあまり反省もせずに、（2）をも未来の意味に含めて語って、その矛盾に気づいていないから、ちょっと厳密に言ってみたまでのことで、みんな考えてみればあたりまえのことなのだがね。

D　なるほど、わかってきました。

A　そうかなあ。ぼくは、わからない。すべて理論的には納得できるんですが、でもなんで、ぼくたちはそれにもかかわらず、あたかも未来が予測できるかのように、約束したり計画を立てたりするんでしょうか？

　答えは簡単だよ。（数学や論理学の確実性は別だが）現実世界の事象に関しては、一定の領域において「これまで」あたかも未来が予測できるかのように計画を立てたところ、「これまで」予測どおりの事象が実現してきたからさ。明日の事象Fは一般に「まだない」と了解されているが、この「まだない」は、明日になれば「ある」ということを含意していない。明日になれば、Fが「ある」かもしれない。だが、「ない」かもしれない。どちらかは、まさに明日になってみなければわからないのだ。あらゆる予測はこれまでのデータをただ未来に延ばしただけであり、「これまで」データSによって雨が降ったとしても、

「これから」Sによって雨が降るという保証はないのだから。ヒュームは「未来は過去に似ている」という原理をもち込んでここを跳び越えようとしたが、この原理自体がこれまで「未来は過去に似ていた」ことに基づいているにすぎない。よって、このことをもってこれからも「未来が過去に似る」とは言えない。

古来、帰納法の問題としてさかんに議論されてきたことだけれど、私はここにはいかなる問題もないと思っている。私たちはいかなる仕方にせよ、未来の事象そのものを予想(予測・予言)することはできないのだ。

A　それでも、やっぱりひっかかりますね。そういう世界像は、どんなに論理整合的であろうとも、ぼくたちの科学的世界像ともぼくたちの日常的な世界理解とも相容《い》れない。みんな、ごく素朴に科学法則が明日も成立するだろうと信じている。また、せっせと住宅ローンを払ったり、数ヵ月後の入学試験の準備をしたり、明日のデートに心をときめかせているじゃないですか。

もっともな質問だが、それにもきわめて簡単に答えられるね。同じことの繰り返しだが、「これまで」そうだったからさ。「これまで」明日があると信じており、幸いなことに「これまで」ずっと明日があったからさ。これで、何か不都合があるかね？

A　でも、そういうことを聞いても「そうだなあ」という実感はなくて、ぼくはいまごく自然に明日があると確信しているんですが。これは、端的なまちがいなんですか？　先生だって、さっきから何度も「どうせ死んでしまう」とか「人類はいずれ滅亡してしまう」と言っているじゃないですか。このこともまた、未来の事象そのものを語っているんじゃないんですか？

ああ、そういう反論は覚悟していたよ。ここで、できるだけ正確に言いなおしてみよう。私は「人類はいずれ滅亡してしまう」といま確信している。私は「明日も重力がある」といま確信している。その場合、「私が確信していること」は現在の心の状態である。これはいいよね。そして、確信の内容は未来に起こる事象そのものではない。なぜなら、未来の事象そのものを知るいかなる手立ても、私に与えられていないからだ。だが、私は強くこのことを確信する。そして、同時に、私はその確信している内容が未来の事象そのものでないことも知っている。これは単なる確信ではない。理論的に知っているのだ。だから、私はいま「明日も重力がある」という強い確信に充たされ、同時にこの確信の内容は未来の事象そのものではなく、それから完全に断ち切られていることも知っていることになる。

一見矛盾した心のあり方のように思われるが、そうではない。きみが恋人と待ち合わせている場合、きっと彼女は来るはずだと強く確信していながら、いかに強く確信してもきみはいま未来の光景そのものを直接「見て」いるのでないこと、あるいは「彼女が来ること」をきみがいま確信していることから、数学の法則のように論理必然的に「彼女が来ること」が導かれるのでないこともわかっているね？　一般に、私たちがある事象をどんなに強く確信しても、そのことはその事象がそのとおり「現にある」ことを含まない。だから、きみがいま「神が存在すること」をどんなに強く確信しても、このことは「現に神が存在すること」を含まず、「死後の世界があること」を確信しても、「現に死後の世界があること」を含まない。

未来の場合も、まったく同じだ。たしかに神や死後の世界の場合と異なり、「これまで」きみは、ある状況S（「コップを握っている手を離す」）においてある事象E（「コップは落下する」）を予測し、この予測は常に当たってきた。だが、「これまで」予測的中率がたとえ一〇〇パーセントであっても、このことは「これから」もまた「手を離すと、コップは落下する」ことを含まない。それにもかかわらず、きみはいま「手を離すと、コップは落下する」ことを強く確信してしまうのであり、その理由は「これまで」きみがそう予測できると確信し、「これまで」その予測が当たってきたからにほかならない。そして、それはきみが未来の事象を確信するための充分な理由なんだよ。

A　どうにか頭ではわかりそうなんですが、やはり実感がついていきませんね。

さらに付け加えるに、きみはさっき未来が予測できないということは、日常生活の理解の仕方と相容れないと言ったが、それは誤りだよ。じつは、みんなこのことをよく知っている。予測できないからこそ、あと一時間後に墜落する飛行機に乗り込もうと急いでゲートを通りすぎるんじゃないか。数時間後に誘拐《ゆうかい》されて殺されることを知らないからこそ、にこにこ顔でわが子を学校に送り出すんじゃないか。宝くじをはじめ、ありとあらゆる賭《か》けが成立するんじゃないか。

A　たしかに、事実予測できないことはたくさんありますが、そのすべては原理的に予測できるんじゃないですか？

未来世界の存在を確保したい人は、いつもそういう理屈をもち出す。私たち人間には予測できない、だが全知全能の神には未来のすべての現象が完全に見とおせるはずだ、というように。A君、そう語るとき、自分が何を期待しているか反省してほしい。決定論者が、「世界がどう決まっているのかはわからない。だが未来永劫《えいごう》にわたってとにかく決まっている」と語るときと同様、まさに内容空虚な形而上学《けいじじょうがく》、つまり何の合理的根拠もないただの「おとぎばなし」じゃないだろうか？

A　そういえばそうですね。では、少し矛先を変えて、未来がどうあるかについては、たしかに予測できないことがたくさんある。でも、とにかく「何らかの仕方」で未来はある、と言えるんじゃないですか？

　それも雑な言い方だねえ。「何らかの仕方」って何だね？　空間の三次元は保たれるのだろうか？　エネルギーの保存則は？　私が「ひとり」であることは？　そもそも時間が「ある」ことは保たれるのだろうか？　未来の具体的あり方はわからない、だがとにかく未来はある、ときみが言うとき、どのような権利でそう言えるのか、考えてほしい。

　そう言うとき、私たちはまず世界の基本的事象と瑣末《さまつ》な事象とを腑分《ふわ》けしなければならない。そのうえで基本的事象は未来永劫にわたって不変であり、瑣末な事象は変わりうる。

つまり生成消滅しうるのだと決める。だから、未来にも基本的事象だけはあるとする。ここには明らかな循環があるね。つまり、まず、未来において変わらない事柄を決めて、次に、だからその事象は未来において変わらない、と主張しているだけなのだから。しかも、未来において変わらない事象を決める基準はただ一つ、それはこれまで変わらなかった（とみなされる）事象にほかならない。だから、煩瑣《はんさ》に見える作業も、もとをただせばやはり「これまで」を「これから」に延ばしただけであり、この手続き自体が保証されないのだから、これによって未来の存在は保証されないんだよ。

蛇足かもしれないが追加すると、未来において変わらない（とみなされる）基本的事象の最たるものは、きみが言ったように、「何らかの仕方である」ということだ。だが、この基本的事象も、これまで世界は何らかの仕方であったからさ。とすると、明日は「何らかの仕方」でさえないのかもしれない。つまり、明日の世界それ自体がないのかもしれない。

よって、私たちがいま未来の事象について語っていると思い込んでいるものは、たしかに「ある」が、そのあり方は、じつは時間的あり方ではなく、「概念」というあり方にすぎないのだ。「神」も「死後の世界」も、少なくとも概念として「ある」と言えるように。私たちは、厳密な意味における時間としての未来については何も知らない。だから、それ

はまったく「ない」こともありえる。ちょうど、「神」や「死後の世界」がまったく「ない」こともありえるように。

A　どうも、反論不可能だということがわかりつつあります。いくら説明されても、どこかおかしいという気持ちは残りますが……。

A君、きみはもう気づいているとは思うが、なんとなく未来があるかのような気がするのは、はじめから「私たち共通の世界」というものを前提しているからなんだ。それは、おもに物理学が描くような物質的な世界像から成り立っていて、そこに取り決めとか約束というかたちの人間的世界が付着している。誰も正確にはその構造を語れない。だが、こうした世界に「私の死」を投入すると、あっという間に全体の相貌《そうぼう》は変わる。私が明日死んでしまえば、私にとって重力も、三次元空間も、時間も、……なくなるのだから。

A　でも、蒸し返しになるかもしれませんが、どうしてもぼくには、ぼくが死んだあとでも人類が滅亡したあとでも、共通の世界は残るような気がする。つまり、未来が予測できないという問題ではなく、「ぼくの世界」の「そと」に膨大な世界が広がっており、その膨大な世界のただ中で、ぼくは死ぬように思われるんですが。

ああ、わかるよ。それは、「独我論（solipsism）」に対する違和感と同じだね。ここは、「私という存在」とその「死＝無」とが交差するところであり、あらゆる哲学的問いが集中するところでもあるから、深く探りを入れ、吟味し、正確に語らなければならない。「無とは何か」は、パルメニデス以来哲学者たちがさんざん考えてきたことなのだが、まず注意しておくと、無は「無」という名の「あるもの」ではないということだ。私たちは「無」と呼びながらも、それを何か「あるもの」と考えてしまう。つまり、無という特殊なあり方だと考えてしまう。だが、そうではない。無とはいかなるあり方でもないのだ。とすると、『コウモリであるとはどのようなことか』でトーマス・ネーゲルが言っているが、たとえ時間に何らかの「長さ」があるとしても、私が一億年死につづける場合、無である私にとっては一億年にはいかなる「長さ」も付着していない。ゼロに一万をかけても一億をかけてもゼロであるように、無はいかなる「長さ」ももたない。死んだ者にとっては、一日死んでいようと一億年死んでいようと、変わりはないのだ。

では、なぜ一億年死んでいる者のほうが一日死んでいる者より「より多く（より長く）」死んでいるような気がするのか？　それは、ひとえに生きている者の視点から語っているからなのだ。生きている者にとっては、他人の死は単なる無ではなく「不在」であり、不在はマイナスの「状態」であるから、恋人が十年間不在でいるのと一年間不在でいるのとでは違う。幼い子にとって、母親が十時間不在でいるのと、一時間不在でいるのとでは違う。

次のエピクロスの言葉は、どこまでも真実である。

それゆえに、死は、もろもろの悪いもののうちで最も恐ろしいものとされているが、じつはわれわれにとって何ものでもないのである。なぜかといえば、われわれが存するかぎり、死は現に存せず、死が現に存するときには、もはやわれわれは存しないからである。そこで、死は、生きているものにも、すでに死んだものにも、かかわりがない。なぜなら、生きているもののところには、死は現に存しないのであり、他方、死んだものはもはや存しないからである。（出隆・岩崎允胤訳）

私たちは、無それ自体をとらえられないので、つい生きている者の視点で、「十年死んでいる者は一年死んでいる者より死を十倍体験している」と考えてしまうのだ。きみが死んだ後、きみはきみにとってただ端的に無であるだけだが、他者にとっては「死につづける者」すなわち、不在というあり方で存在しつづける者なんだ。きみはこれを自分自身のあり方だと錯覚してしまう。だが、何度でも言うが、死んでしまったきみはきみ自身にとって不在ではない。ただ、端的に無なのだ。不在と端的な無とは全然違うものなんだよ。

　ここで見逃してならないことは、きみが死んだ後に「共通の世界」に生きている人々にとって、きみが無になるのみならず、きみにとってそういう世界やそこに生きている人々もまた無となるということだ。この場合、共通の世界を無となったきみより優先することはできない。両者を比較する第三の視点がないのだから。共通の世界はその「そと」を知らず、無もまたみずからの「そと」をもっていない。きみの死を悼《いた》む人々はきみの死を悲しみ、きみの思い出に耽《ふけ》ることであろう。だが、無となったきみはこのことすべての「そと」に転げ落ちており、そこから隔絶している。きみは、死ぬ前にきみの死後「人々があああするだろう、こうするだろう」と思い描く。だが、そのすべてはきみの考えであって、きみはこの考えを抱えたまま無となるだけだ。死んだ者とあとに残された者のうち、どちらの側がより「真実」であるわけでもない。この場合、存在と無はまったく対等なのだから。

D　いま説明してくれたことは、ぼくが無になったときに、ぼくはぼく自身にとって不在ではないこと、つまりぼくは生きている人々と視点をまったく共有しないこと、だから、ぼくが死ぬ瞬間、ぼくにとっては生きているすべての人もまた完全に無なのですから、全人類が滅ぶ瞬間と変わりないことなど、それなりにわかるのです。それだけでも、少しは救われる感じがしますが、それでもぼくが無になることは納得できない。ぼくは、とにかく無になるんでしょう？　そのところは、動かないんでしょう？

　まあ、そう性急にならないで、もう少しじっくり考えてみようじゃないか。さっき言ったように、ここには、独我論と重なるロジックが隠されているからね。**問題は、私たちが死んでしまい無になると、そこから何ごとかを観察する「視点」さえもなくなってしまうということだ。**視点だけが残っていて、そこから死後の世界を観察したところ、「眼を凝らしても」茫漠《ぼうばく》たる無が広がっているわけではない。そして、じつは知覚においても想起においても、知覚あるいは想起する視点は、知覚あるいは想起する対象には含まれていないのだ。知覚の視点自体は知覚されず、想起の視点自体は想起されない。想起のほうがわかりやすいから、想起に限定して論じてみると、想起しているときが現在であり、その視点が想起の対象である過去の「そと」に出ているがゆえに、私たちは想起することが可能なのだ。言いかえれば、過去を想起している視点自体は「過去ではない」というあり方、すなわち「現在」というあり方をしていなければならない。

夢と死との違いはここにある。夢は、夢を見たあとで「夢であった」という夢の「そと」の視点をもちえるがゆえに、夢はさかのぼって夢として存在するのだ。だが、死んだあとで私たちは「死んでいた」という死の「そと」の視点をもちえないがゆえに、たとえ死が豊穣《ほうじょう》な夢のような体験であるとしても、死はさかのぼって死として存在することにはならない。**死が恐ろしいのは、「無である」からではない。あとで「無であった」ことを想起する視点さえも失うからなのだ。**

言いかえれば、私が死んだあとも、何らかの仕方で想起できるかぎり、永遠に生きていなくても、――私が少年のころ渇望したように――ただの「眼」だけとして世界を永遠に見つづけていなくても、私は絶対的な無となることはない。たとえ死が完全な無であるとしても、私はその視点から無であったことを想起できるのだから。

たしかに、死の「そと」が唯一「生きていること」であるとすると、こうした視点を回復するためには、私は生き返って、あらためて「死んでいた」ことを想起せねばならないことになる。だが、はたしてそういう人間的な視点しか私には与えられないのだろうか？いままで言ったことをすべて認めたうえでも、私が死んだあとに「私がこの世に生まれ、一定の時間生き、そして死んだこと」を想起できるような「新しい視点」が開かれる可能性があるような気もする。それこそ、まさに信仰が与えることができる視点なのだろうがね。そういうおぼろげな予感はする。いまのところ単なる予感にすぎず、わずかにも明晰《めいせき》に把握してはいないが……。

D　そうかもしれません。でも、そんな視点はないかもしれない。ぼくが死ぬと、まったくの無に転じるという可能性を否定したことにはなりませんよ。

D君、そのとおりなんだよ。はじめに断っておいたように、私は死を最終的に「解決」したわけではない。この程度の「揺さぶり」しかできないのが現状だ。そして、私もきみと同じく、ほとんど毎日、いや目覚めているときはいつもいつも「無になるとはどういうことだろう？」と考えている。そして、ときどき頭がおかしくなってくる。ふっと、からだ全体が虚脱状態になることもある。だから、けっして無理に思い込もうとしているわけではない。O先生に出会い、必死の思いで哲学をすると自分に誓ってから五十年経っても、このていたらくだ。われながら情けなくなるよ。

D　……。

私は、少年のころから自分が「たまたま地上に生まれさせられ、苦しみ喘《あえ》いで生きて、そして間もなく死なねばならない」という残酷な状況に投げ込まれていることが、どうしても納得できなかった。ここには何か隠されたトリックがあるに違いないと思っていた。それを知ろうとして、「哲学」にすがりついたわけだが、それから五十年経って、哲学はけっしてこうした問題を最終的に解決してくれそうもない、という思いはしだいに強くなる。だが、いまのところ私は哲学を捨てて信仰（悟り）に至ることもできそうもない。そんな宙ぶらりんなかたちで、ここしばらく生きているんだよ。どうも、私はずっとこの居心地の悪い道をたどっていくしかないようだね。

五年前の四月に、妻がウィーンでカトリックの洗礼を受けた。私との関係に悩んだすえの決断だったから、私は多少自責の念がなかったこともなく、また単純な好奇心から、ミサに同行することが多かった。柵《さく》の内側に妻が入っていく。柵の外で私は待っている。十数人の神父たちが遠くでミサを執りおこなっている。私はそれをぼんやり見ながら、もう暗記するほど読み返したヒルティーの言葉を思い出している。

もしも来世がないならば、キリストの人生観全体が大きな誤りの上に立つことになろう。人格の復活は、キリスト教がわれわれに与える最も疑いない、最も明白な約束の一つである。この約束がなければ、キリスト教はきわめて疑わしい真理内容と人生価値とをもつにすぎないであろう。

もしもキリストの復活が事実でないならば、二千年来の世界史全体が一つの錯覚であり、いや、それどころか、故意の虚偽に基づくものとなるであろう。

（『幸福論』第二部、草間平作・大和邦太郎訳、強調は原著者）

私は、遠くでうごめく神父たちに問いかける。「あなた方は、ほんとうに永遠の生命を信じているのですか？　二千年前にナザレに生まれたイエスという名の大工の息子が救世主であったことを、彼が十字架に架けられ死んだ三日後に復活したことを、信じているのですか？」と。「このすべてが嘘かもしれないと思ったことはないのですか？」と。

妻が爽《さわ》やかな顔をして出てくる。このすべてが嘘であるはずはない、と私は思う。私たちはほの暗いシュテファン大聖堂から、まぶしいほど明るい繁華街に出る。柔らかい風が首筋を撫《な》でる。屹立《きつりつ》する大聖堂のドームを振り返り、私はまた呟《つぶや》く。

いや、もしかしたらこのすべては嘘なのかもしれない……。

文庫版あとがき

世の中には、膨大な数の善良で鈍感で怠惰な人がいます。私はいつも彼らから甚大な被害を受けてきましたし、折に触れて彼らに挑戦状をつきつけてきました。彼らは「フツー」という名のぬるま湯に漬かっていて、その湯加減を維持することに全人生をかけています。ですから、「人生には生きる価値なんてない」と呟《つぶや》く（私のような）哲学者がいると、条件反射のように「じゃ、死ねば？」と冷ややかに反応するし、たえず「生きたくない！」と叫びながら生き続けている青年を見かけると、「うそつきめ！」と片付ける。少なからぬ人が、末期癌と戦いながら、重度の障害児を抱えて、戦争で家族をすべて失いながら……それでも苦しみあえいで生きているのに、口先だけで死を手玉にとっている何たる軽佻浮薄《けいちょうふはく》な輩《やから》か、というわけでしょう。

しかし、こうした反応はことごとく間違っています。「なぜ生きるのか、わからない」という問いは、なんとまともなのでしょう？　悪戦苦闘して生き続けても、どうせ数十年で死んでしまうのですから。また、いずれ人類の営みの成果は宇宙からことごとく消滅し、それを憶《おぼ》えている者とてなくなるのですから。たまたま生きがいのある仕事を見つけても、たまたますばらしい人に出会っても、たまたま命を焦がす恋愛を体験しても、この全身を打ち砕く残酷な事実を瞬間的に忘れさせる作用しかもたないことは明瞭《めいりょう》じゃないですか。この事実を眼前にぶら下げて生き続ける者にとっては、死ぬのもイヤなのです。なぜ生きるのかわからずに生きて、そしてそのまま死ぬことが絶叫したくなるほどイヤなのですから。

私見によれば、ぬるま湯に漬かる人は、じつはこのことをよく知っている。知っているがゆえに、これに自分が感染することを怖れ、こう叫ぶ人を激しく迫害するのです。そして、最後まで誤魔化して生きたいと願っている。パスカルの巧みな比喩《ひゆ》を使えば、「われわれは絶壁が見えないようにするために何か目をさえぎるものを前方に置いた後、安心して絶壁のほうへ走っている」（前田陽一訳）というわけです。

人類は大まかに二種類に分けられる。ぬるま湯に漬かって死ぬ瞬間まで誤魔化し続けて生きたい人と、「それではイヤだ！」と心のうちで叫んでいる人。あなたはどちらでしょうか？　もし後者であるとしたら、あなたは「正しい」のです。そう呟きながら立派に（？）還暦まで生きてきた私のような男がいることを知って安心してください。そして、もしあなたが前者であると自覚したら、ぱたりと本書を閉じ鼻先でフンと軽くあしらって書棚に戻してください。これはあなたの安寧を揺るがし、あなたを哲学へと誘惑する「悪書」なのですから。

二〇〇九年二月十四日（バレンタインデー）

中島義道

解説　凡人以上超人未満

島田雅彦

私自身も一度ならず、死について深く思いを巡らせている者です。いつも堂々巡りばかりで、いかなる詩にも、慰みにも結実しませんでしたが、一つの小説の形にはなりました。

来週の金曜日に死ぬ。健康な体と百万円の預金が残っている。あなたは何をするか？

そんな問いかけから、小説は始まります。

誰しも一度は考えたことがあるでしょうが、真剣には考えないでしょう。その気になれば、できることですが、誰もやろうとしません。中島先生は本対話の中で、明日死ぬかもしれない現実を誤魔化して生きることを「非本来的」、死ぬ覚悟を決めて生きることを「本来的」と呼んで、区別したハイデッガーを引き合いに出され、万人の身近に控えている死を目立たなくし、空疎に「生きる希望」を唱えるのが文明社会であると説いています。死亡率百パーセントの私たちは誰もが曖昧《あいまい》に死を先送りしながら、多かれ、少なかれ、他人に振り回される人生を送っています。

私の小説の主人公喜多善男も同様で、まずは銀行預金を全て下ろし、一日目は誰もが考える酒池肉林を楽しみます。おいしいものを腹いっぱい食べ、紹介されたポルノ女優と戯れたりするが、疲労と二日酔いに苦しむことになります。

一方、周囲の人間は勝手に死のうとしている男を放っておきません。生命保険に加入させたり、臓器売買の手続きを進めたり、密《ひそ》かに殺し屋を雇い、喜多が内臓を傷つけず、あくまで事故に見えるように自殺させようとします。また、落ち目のアイドルの気紛れから、誘拐《ゆうかい》犯に仕立て上げられた喜多は何かひとつくらいは社会貢献をしようなどと考え、身代金を難病の子どもを救うために国際赤十字に寄付させます。金曜日が迫ると、喜多は自分を利用して金儲《もう》けを考える者や彼を自殺させまいとする「善意」から逃れて、荒野へと向かうのです。

確実な方法で自殺を図ったつもりが、なぜか生き延びてしまった喜多は原野にとどまり、自然死するのをひたすら待つことにした。モーゼやブッダやキリストら聖人のように食を絶った喜多は悪夢の世界に引きずり込まれる。体は弱ってゆくが、頭だけは働いている。ゆっくりと、確実に死に接近してゆく喜多は、誰も味わったことのない死の過酷さを味わいつくすことになるというわけです。

興味があったら、喜多善男の方法を試してみてください。

ところで、二〇〇八、二〇〇九年は世界史的な転換点だったと、のちに回顧されるかも知れません。

近代主義、資本主義のソフトには耐用年数があり、ある出来事を境にして、それは破綻《はたん》します。世界に金余り状態を作り出した金融システムも、アメリカの一極支配という政治システムも、効力を失い、前近代のシステムに回帰しようとしています。帝国やファシズムが復活しつつあります。人間も社会システムと同じくらい脆弱《ぜいじゃく》です。しかし、その内部にきわめて原始的な本能を残しています。社会が機能不全に陥って、自己崩壊するように、人間もそれまでの生き方が機能しなくなり、鬱《うつ》や自傷行為や犯罪に向かうのかもしれません。それはおそらく産みの苦しみです。空疎な希望の原理を葬ったあとにやってくる爽快《そうかい》な虚無です。その虚無の先まで見通せる人はそう多くはいません。

ある出来事がきっかけとなり、ドミノ連鎖のように続々と事件が重なり、カタストロフへ向かうということはよくあります。これは自殺の場合も、金融の場合も、殺人の場合も同様です。後追い自殺に対しては、「ウエルテル効果」というロマンティックな用語もあります。金融パニックも一つの投資会社の倒産や銀行の取り付け騒動から、一気に全世界に波及します。殺人事件にも親殺し、子殺し、通り魔殺人、ネット共犯殺人などなどさまざまな手口や様態がありますが、ひとたび起きると、似たような事件が伝染病みたいに蔓《まん》延《えん》します。そのカタストロフを避ける確実な方法などありません。

運命は刻一刻変わるので、その瞬間に正しい未来予測を立てても、五秒後には変わります。まさに一歩一歩が命懸けです。しかし、諦《あきら》めを知る人には救いもあります。人生にはオプションがあって、挫《ざ》折《せつ》すなわち死ではない。凡庸な人生を振り返る者より恥多き人生を振り返る者の方が回想は甘かったりする。輝ける栄光の人生は同じだけ恥に満ちている。英雄も凡人も今際《いまわ》の際では平等です。

凡人にはこんな思いもあります。

どうせ滅びるんだから、もっと過ちを犯しておくんだった。

いつまでも理不尽な現実に浸かっていたら、体を壊したり、心を病んだりすることは避けられません。その予防策として、人は自らを軽快なリズムに乗せ、自虐の笑いを導入するのです。現代日本のソクラテス中島先生と不愉快な仲間たちによるこの『饗宴』は、暗いヒューモアと身も蓋《ふた》もない哲学が満載です。この退廃的な教えの向こうに突き抜けた人だけが「超人」になる資格があるでしょう。やはり、人には対話が必要です。死に別の定義を与えるとすれば、「他者と一切の関わりを持たなくなること」でしょうか。対話が続く限り、他者との関係は続きます。孤独な自殺志願者も最後までネットとつながりを保ちます。自分の頭で考えられることはたかが知れている。他人の頭も使わせてもらって、初めて人は賢くなる。石器時代から、人は薄暗い洞窟《どうくつ》のような場所での対話を通じて、多くを悟ってきました。本来的な自分を見出《みいだ》す儀式はいつの時代にも必要です。その通過儀礼を抜かした者はあとで後悔することになります。

若きウエルテルの末裔《まつえい》たちが夜毎、集い、カウンターの端にいつも座っている白髪の店主がメフィストフェレスの教えをブツブツ呟《つぶや》く無用塾のようなバーには、私も夜中の二時過ぎによく立ち寄ったものです。

二〇〇九年二月

本書は二〇〇五年九月、日本経済新聞社より刊行された単行本『生きることも死ぬこともイヤな人のための本』を改題の上、文庫化しました。

生《い》きるのも死《し》ぬのもイヤなきみへ

中島義道《なかじまよしみち》

平成21年 3月25日　初版発行
令和7年 5月15日　12版発行

発行者●山下直久

発行●株式会社KADOKAWA
〒102-8177　東京都千代田区富士見2-13-3
電話　0570-002-301(ナビダイヤル)

角川文庫 15617

印刷所●株式会社KADOKAWA
製本所●株式会社KADOKAWA

表紙画●和田三造

ISBN978-4-04-349607-5　C0195

角川文庫発刊に際して

角川源義

第二次世界大戦の敗北は、軍事力の敗北であった以上に、私たちの若い文化力の敗退であった。私たちの文化が戦争に対して如何に無力であり、単なるあだ花に過ぎなかったかを、私たちは身を以て体験し痛感した。西洋近代文化の摂取にとって、明治以後八十年の歳月は決して短かすぎたとは言えない。にもかかわらず、近代文化の伝統を確立し、自由な批判と柔軟な良識に富む文化層として自らを形成することに私たちは失敗して来た。そしてこれは、各層への文化の普及滲透を任務とする出版人の責任でもあった。

一九四五年以来、私たちは再び振出しに戻り、第一歩から踏み出すことを余儀なくされた。これは大きな不幸ではあるが、反面、これまでの混沌・未熟・歪曲の中にあった我が国の文化に秩序と確たる基礎を齎らすためには絶好の機会でもある。角川書店は、このような祖国の文化的危機にあたり、微力をも顧みず再建の礎石たるべき抱負と決意とをもって出発したが、ここに創立以来の念願を果すべく角川文庫を発刊する。これまで刊行されたあらゆる全集叢書文庫類の長所と短所とを検討し、古今東西の不朽の典籍を、良心的編集のもとに、廉価に、そして書架にふさわしい美本として、多くのひとびとに提供しようとする。しかし私たちは徒らに百科全書的な知識のジレッタントを作ることを目的とせず、あくまで祖国の文化に秩序と再建への道を示し、この文庫を角川書店の栄ある事業として、今後永久に継続発展せしめ、学芸と教養との殿堂として大成せんことを期したい。多くの読書子の愛情ある忠言と支持とによって、この希望と抱負とを完遂せしめられんことを願う。

一九四九年五月三日

角川文庫ベストセラー

男が嫌いな女の10の言葉　中島義道

「ほんとうの愛って何？」「私を人間として見て！」「あなたには私が必要なの！」「わかんなーい！」女性はなぜこんな台詞をはくのか。男性にとっての永遠の疑問、女性の言葉を哲学者が丹念に読み解く。

うるさい日本の私　中島義道

家を一歩出れば、町に溢れる案内、注意。意味も効果も考えず、「みんなのため」と流されるお節介放送の暴力性に、哲学者は論で闘いを挑む。各企業はどう対処したのか。自己反省も掲載した名エッセイ！

醜い日本の私　中島義道

電線がとぐろを巻き、街ではスピーカーががなりたてる。美に敏感なはずの国民が、なぜ街中の醜さに鈍感なのか？　日本の美徳の裏に潜むグロテスクな感情、押し付けがましい「優しさ」に断固として立ち向かう。

生きていてよかった　相田みつを

「誰のものでもない自分の言葉を、書という形式をかりて表現する」それが相田みつをの仕事だった。裸の自分を語りつづけた作品集。生きていくうえで様々な壁にぶつかり悩むとき、力づけてくれる言葉の数々。

相田みつをザ・ベスト　一生感動一生青春　相田みつを

禅とはなにか？　我々の気持ちにすっとしみこむようなわかりやすい言葉で解き明かす、仏教の精神の神髄。在家で禅宗を修行した相田みつをだからこそ書けた、心にしみるエッセイの数々と書を収録。

角川文庫ベストセラー

角川文庫ベストセラー

白痴・二流の人　坂口安吾

敗戦間近。かの耐乏生活下、独身の映画監督と白痴女の奇妙な交際を描き反響をよんだ「白痴」。優れた知略を備えながら二流の武将に甘んじた黒田如水の悲劇を描く「二流の人」等、代表的作品集。

堕落論　坂口安吾

「堕ちること以外の中に、人間を救う便利な近道はない」。第二次大戦直後の混迷した社会に、かつての倫理を否定し、新たな考え方を示した『堕落論』。安吾を時代の寵児に押し上げ、時を超えて語り継がれる名作。

不連続殺人事件　坂口安吾

詩人・歌川一馬の招待で、山奥の豪邸に集まった様々な男女。邸内に異常な愛と憎しみが交錯するうちに、血が血を呼んで、恐るべき八つの殺人が生まれた――。第二回探偵作家クラブ賞受賞作。

肝臓先生　坂口安吾

戦争まっただなか、どんな患者も肝臓病に診たてたことから〝肝臓先生〟とあだ名された赤木風雲。彼の滑稽にして実直な人間像を描き出した感動の表題作をはじめ五編を収録。安吾節が冴えわたる異色の短編集。

明治開化　安吾捕物帖　坂口安吾

文明開化の世に次々と起きる謎の事件。それに挑むのは、紳士探偵・結城新十郎とその仲間たち。そしてなぜか、悠々自適の日々を送る勝海舟も介入してくる……世相に踏み込んだ安吾の傑作エンタテイメント。

角川文庫ベストセラー

書を捨てよ、町へ出よう　寺山修司

平均化された生活なんてくそ食らえ。本も捨て、町に飛び出そう。家出の方法、サッカー、ハイティーン詩集、競馬、ヤクザになる方法……、天才アジテーター・寺山修司の100%クールな挑発の書。

ポケットに名言を　寺山修司

世に名言・格言集の類は数多いけれど、これほど型破りな名言集はきっとない。歌謡曲から映画の名セリフ。思い出に過ぎない言葉が、ときに世界と釣り合うことさえあることを示す型破りな箴言集。

不思議図書館　寺山修司

けた外れの好奇心と独特の読書哲学をもった「不思議図書館」館長の寺山修司が、古本屋の片隅や古本市で見つけた不思議な本の数々。少女雑誌から吸血鬼の文献資料まで、奇書・珍書のコレクションを大公開！

幸福論　寺山修司

裏町に住む、虐げられし人々に幸福を語る資格はないのか？　古今東西の幸福論に鋭いメスを入れ、イマジネーションを駆使して考察。既成の退屈な幸福論をくつがえす、ユニークで新しい寺山的幸福論。

誰か故郷を想はざる　寺山修司

酒飲みの警察官と私生児の母との間に生まれて以来、家を出て、新宿の酒場を学校として過ごした青春時代を、虚実織り交ぜながら表現力豊かに描いた寺山修司のユニークな「自叙伝」。

角川文庫ベストセラー

あゝ、荒野　寺山修司

60年代の新宿。家出してボクサーになった"バリカン"こと二木建二と、ライバル新宿新次との青春を軸に、セックス好きの曽根芳子ら多彩な人物で繰り広げられる、ネオンの荒野の人間模様。寺山唯一の長編小説。

ミッキーマウスに学ぶ決断する勇気　ニーチェの強く生きる方法　監修／ウォルト・ディズニー・ジャパン株式会社

ミッキーマウスと一緒に、決断力をニーチェの力強い言葉から学びましょう。自分を強く信じて決断していく前向きな生き方が私たちに勇気を与えてくれます。「生きることは楽ではない。だからこそ、価値がある」

人生を救え！　町田康　いしいしんじ

芥川賞作家・町田康と、気鋭の物語作家・いしいしんじが人生について語り尽くす一冊。町田康ホストによる「どうにかなる人生相談」も収録。世の悩める人々へ贈る、パンクな人生応援歌！

人生を歩け！　町田康　いしいしんじ

ともに大阪出身の人気作家が、上京後に暮らした町を歩きながら、縦横無尽に語りあう。話は脇道に逸れ、さまざま道草食いつつも、いつしか深いところへ降りていく――ファン待望の対談集！

人生パンク道場　町田康

老若男女28名の仕事や恋、人間関係の悩みなどを、町田康がパンクなお答えで斬りまくる！　次元を超えた角度からのアドバイスは、病んだ心を正気に目覚めさせる。読めば爆笑と共に、問題解決間違いなし！